"원래대로 해주세요. 다시는
시간으로 장난치지 않을 게요."
울랑바탕꾸르꾸르 할머니는
동동이의 눈물을 닦아주었어요.
"이제야 시간이 얼마나 소중한지
알았나 보구나."

"백성들이 자꾸 싸우는
데는 이유가 있습니다. 백성들이
가르기를 못하기 때문입니다.
가르기를 못하니 무엇이 생기든
서로 더 갖겠다고
싸우는 것입니다."

마당에는 감자들이
산더미처럼 쌓여 있었어.
"이 많은 걸 언제 세나요?
언제 하나하나 세서 백성들에게
나눠주나요?"
이마가득눈 대왕은 땅이 꺼져라
한숨을 푹 쉬었어.

외눈박이
괴물들이
수학을 잘 하게 된
이야기 한 번
들어보지 않을래?

응!

엄마는 괴물나라 수학선생님

열린생각

차례

덧셈 뺄셈 편

괴물들을 공부시킨 우리 엄마 4

- 엄마와 함께 읽어 봐요 38
- 엄마와 함께 풀어 봐요 40

곱셈 나눗셈 편

감자를 나누는 마법의 주문 42

- 엄마와 함께 읽어 봐요 72
- 엄마와 함께 풀어 봐요 74

시간 편

돌아라! 마법의 시계야! 76

- 엄마와 함께 읽어 봐요 108
- 엄마와 함께 풀어 봐요 110

도형 편

이상한 도형 나라의 앨리스 112

- 엄마와 함께 읽어 봐요 132
- 엄마와 함께 풀어 봐요 134

무엇을 배울까? ● 가르기와 모으기 알아보기 ● 덧셈과 뺄셈 알아보기 ● 두 수를 바꾸어 더하기

어디에 나왔을까? ● 1학년 1학기 3단원. 덧셈과 뺄셈 ● 1학년 2학기 3단원. 덧셈과 뺄셈
● 1학년 2학기 5단원. 덧셈과 뺄셈 ● 2학년 1학기 3단원. 덧셈과 뺄셈

● 덧셈 뺄셈 편

괴물들을 공부시킨 우리 엄마

아람이는 수학이 싫지?
숫자만 보면 눈동자가 **빙글빙글** 돌아가지?
놀이기구를 탄 것처럼 머리가 **어질어질**
하다면서?
수학이 그렇게 힘들고 짜증나면 안 해도 돼.
그런데 수학을 무지무지 좋아하는
괴물들도 있는 걸!
그 괴물들은 수학이 **너무너무** 공부하고
싶었대. 하지만, 수학을 어떻게 공부해야
할 줄 몰라 고민했었대.
그 괴물들에게 누가 수학을 가르쳐줬을까?
바로 엄마야.
엄마가 괴물 나라에 가서 수학을 가르쳐
줬지. 지난 번 엄마 혼자 외할머니 댁에
다녀온 거 기억나?
그때 사실은 괴물 나라에 다녀온 거야.
엄마가 괴물 나라에 다녀온 얘기를 해줄 테니,
들어 봐.

깊디깊은 산 속에,
사람들이 한 번도 들어간 적이 없는 그런 산 속에
아주 크고 오래된 성이 있었어.
그 성에는 **외눈박이** 괴물들이 살고 있었지.
외눈박이는 모두 눈이 하나밖에 없었어.
외눈박이들은 자기들이 **괴물**인지 몰랐대.
다른 괴물들도 모두 눈이 하나니까,
눈 하나가 제대로인 줄 알았다지 뭐야.
외눈박이 왕국은 **이마가득눈 대왕**이란 분이 다스렸어.
눈이 이마를 가득 채울 정도로 크다는 뜻이야.
이름이 이상해? 큭큭, 웃기다고?
이마가득눈 대왕이 들으면 실망하시겠는 걸.
외눈박이 왕국에서는 **눈이** 가장 큰 괴물이 왕이거든.
그래서 이마가득눈께서 대왕이 되신 거야.

어느 날, 이마가득눈 대왕님께서 신하들을 불러 모았어.
궁궐에 눈이 하나뿐인 신하들이 길게 늘어섰지.

"걱정이로다! 걱정이로다!
온 나라가 시끌시끌 투닥투닥 조용한 날이 없구나."
이마가득눈 대왕은 속이 타서 물을 벌컥벌컥 마셨어.
"백성들이 왜 이렇게 **싸운단** 말이냐!
먹는 시간 자는 시간 빼고는 시도 때도 없이 싸우는 구나!"
이마가득눈 대왕님은 근심스러운 목소리로 신하들에게 물었어.
"백성들이 **평화롭게** 살 방법은 없겠느냐?"

"백성들이 자꾸 싸우는 데는 이유가 있습니다."
초록 도마뱀처럼 생긴 신하가 말했어.
"그 이유가 무엇이냐?"
대왕은 밝아진 표정으로 물었어.
"백성들이 가르기를 못하기 때문입니다."
"가르기?"
"가르기를 할 줄 알아야 사이좋게 나눠가질 수 있습니다.
가르기를 못하니 무엇이 생기든 서로 더 갖겠다고
싸우는 것입니다."
초록 도마뱀 신하가 눈을 뒹굴뒹굴 굴리며 대답했어.
대왕은 머리를 긁적긁적, 콧구멍을 후비적후비적했어.
대왕도 가르기를 못했기 때문이지.

"어떻게 해야 가르기를 가르쳐줄 수 있느냐?"
대왕이 묻자, 파란 줄무늬 신하가 대답했어.
"저 산 밑으로 내려가면 눈이 두 개 달린 괴물들이 산다고 합니다."
"눈이 두 개라니!"
대왕은 말만 들어도 무서운지 몸을 부르르 떨었어.
"**두눈박이 괴물**들은 가르기를 무척 잘한다고 합니다.
두눈박이 괴물을 잡아와 가르기를 배우면 어떨까요?"
"두눈박이를 누가 잡아올까?"
대왕이 다시 물었어.
"왕방울과 소방울을 보내십시오.
가장 **용감**하고 힘이 센 장수들입니다."
대왕은 옳다구나, 하며 이마를 쳤어.
잘못해서 눈을 찔렀지만, 너무 기뻐 아픈 줄도 몰랐지.

그래서 **왕방울과 소방울**이 사람들이
사는 세상으로 내려오게 됐대.
왕방울과 소방울은 길 없는 숲을 헤치며
걷고 또 걸었어.
저 멀리 사람들이 사는 마을이 보였어.
왕방울이 걱정스럽게 말했어.

"우리는 눈이 하나라서 **두눈박이**들에게 금방 들킬 걸세."
"내게 좋은 생각이 있네! 얼굴에 눈을 **하나** 더 그리는 거야!"
왕방울과 소방울은 서로 얼굴에 눈을 하나씩 더 그렸어.
"허허허! 정말 영락없는 두눈박이로군!"
왕방울과 소방울은 **힐끔힐끔** 두리번두리번 마을로 내려왔대.

하지만, 이게 웬일!
왕방울과 소방울은 어떤 두눈박이가 가르기를 잘하는지
알 수 없었대.
비가 주룩주룩 내리는 어느 날 밤,
왕방울과 소방울은 어느 집 **처마** 밑에 쪼그리고 앉았어.
얼굴에 그린 가짜 눈은 빗물에 지워져 얼룩덜룩했지.
"이마가득눈 대왕님이 화가 많이 나셨을 거야."
소방울이 무거운 목소리로 말했어.
"우리는 외눈박이 나라에서 **쫓겨**날 지도 몰라.
두눈박이 나라에서도 쫓겨날 텐데, 앞으로 어디서 살아야 하지?"
왕방울이 슬픈 목소리로 말했어.

처마 - 지붕 끝에 밖으로 조금 튀어나온 부분.

그때, 창문 너머로 한 아이의 목소리가 들렸어.
"엄마, 가르기와 모으기는 어떻게 하는 거예요?"
그건 누구였을까?
바로 아람이 목소리였지.
그러자 엄마가 이렇게 대답했던 거 기억나?
"가르기와 모으기는 수로 하는 거야.
하나의 수를 갈라 여러 개의 수로 만드는 걸 가르기라고 하고,
여러 개의 수를 모아 하나로 만드는 걸 모으기라고 한단다."
가르기라는 말에 외눈박이들의 귀가 쫑긋 세워졌대.

아람이는 고개를 갸우뚱하며 다시 이렇게 물었잖아.
"엄마, 수를 어떻게 가르기 해요? 가위로 자르나요?"
엄마는 사탕을 내밀며 말했어.
"사탕 5개로 가르기를 해볼게.
왼손에 3개, 오른손에 2개를 쥐어.
그러면 5개는 3개, 2개로 가르기가 되는 거야."
"엄마, 모으기는 어떻게 하구요?"
엄마는 두 손에 있는 사탕을 하나로 모았지.
"왼손 사탕 3개와 오른손 사탕 2개를 하나로 모아.
그러면 모두 사탕 5개가 돼. 이걸 모으기라고 해."
아람이는 손뼉을 치며 기뻐했어.

"정말 쉽구나! 엄마는 가르기와 모으기를 정말 잘해요!
세상에서 엄마만큼 잘하는 사람은 없을 거예요."
외눈박이들은 그 말을 엿듣고 펄쩍 뛰었대.
"옳거니! **엄마**란 두눈박이가 가르기와 모으기를 잘한대!"
"우리가 찾고 있던 두눈박이가 여기 있었네!"

깊은 밤, 우리 가족이 잠들었을 때야.
"엄마님, 엄마님."
누군가 흔들어 깨우더구나.
부스스 눈을 떠보니 외눈박이들이 커다란 외눈을 껌벅이고 있었어.
무서웠냐고? 하나도 안 무서웠어. 엄마는 용감하니까!
"엄마님, 엄마님, 우리 왕국에 가서 **가르기와 모으기**를 가르쳐주세요."
외눈박이들이 무릎을 꿇고 부탁하더구나.
엄마는 아빠랑 아람이가 걱정되어 두고 갈 수 없다고 했지.

왕방울과 소방울은 눈물을 뚝뚝 콧물을 줄줄 흘리더구나.
그 소리에 잠에서 깬 아빠가 말했어.
"걱정하지 말고 다녀와요.
얼마나 **배우고** 싶으면 저렇게 부탁하겠어요."
그래서 엄마는 아람이한테 알리지 못하고 급히 떠난 거야.
그것도 모르고 아람이는 엄마가 할머니 댁에 혼자 갔다고
속상했지?

숲속 성으로 돌아온 외눈박이들은 이마가득눈 대왕에게 달려갔어.

"헉헉, 이마가득눈 대왕님, 가르기와 모으기를 가장 잘한다는 엄마라는 분을 모셔왔습니다!"

이마가득눈 대왕과 신하들은 엎드려 엄마에게 절을 하더구나.

"엄마님, 엄마님. 우리는 가르기와 모으기를 할 줄 모르는 외눈박이들입니다. 제발 우리에게 모으기와 가르기를 가르쳐 주세요."

엄마는 괴물을 보고도 별로 놀라지 않았어.

"모으기와 가르기만 가르쳐 주고 집에 바로 돌아갈 거예요. 아람이가 기다리니까요. 약속해요."

"그럼요, 그럼요. 약속하고말고요."

이마가득눈 대왕은 허리를 굽실거렸어.

"모으기와 가르기를 다른 말로 하면,
덧셈과 뺄셈이에요.
모으기는 덧셈, 가르기는 뺄셈.
덧셈과 뺄셈은 손가락으로
하면 쉽게 배워요.
모두 손가락을 펴세요."

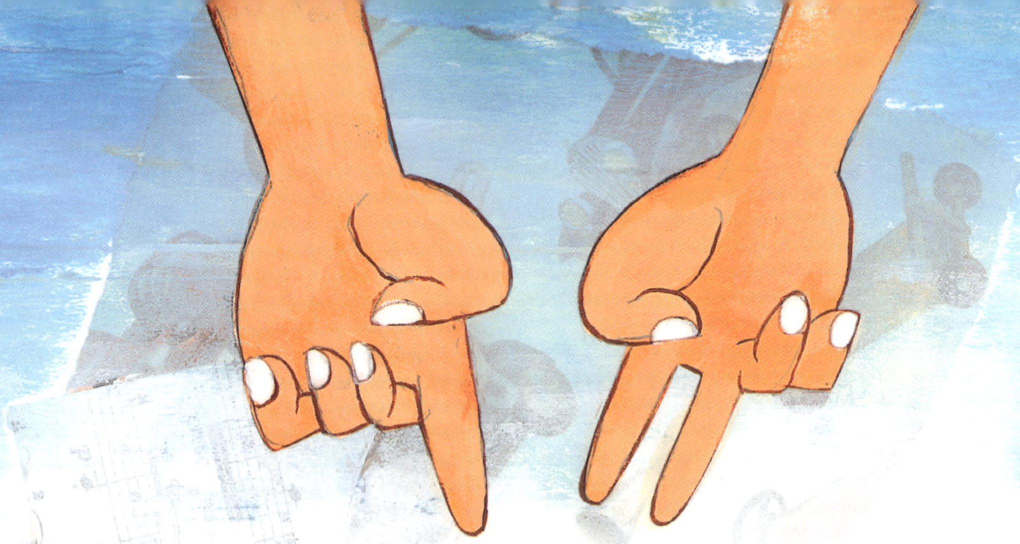

이마가득눈 대왕과 외눈박이들이 손가락을 펼쳤단다.
"맙소사! 손가락 개수가 다 다르네요."
이마가득눈 대왕은 7개, 신하들은 6개, 5개, 4개였어.
외눈박이들은 부끄러웠는지 얼굴이 빨개지더구나.
엄마는 손바닥을 펼쳐 손가락을 하나씩 구부렸어.
"**덧셈**을 가르쳐줄게요.
1과 2를 더하는 것을 1+2라고 쓰고, 1 더하기 2라고 읽어요.

1 더하기 2는 3. 다함께, 1+2=3!"

"1 더하기 2는 3!"

외눈박이들은 제비처럼 입을 벌리며 큰 소리로 따라했어.

엄마는 테이블 위에 놓인 과일 바구니를 가리켰지.

"사과 2개, 포도 2개가 있어요.

이것을 한 바구니에 담으면, 몇 개일까요?"

외눈박이들은 손가락을 폈다 접었다 하며 열심히 수를 셌어.

이마가득눈 대왕이 제일 먼저 손을 번쩍 들었어.

"4개입니다. 2 더하기 2는 4."

"잘했어요. 눈만 큰 줄 알았더니, 머리도 좋아요."

엄마가 칭찬해 주자, 이마가득눈 대왕은 어깨를 으쓱하더구나.

외눈박이 신하들이 부러운 눈으로 바라봤지.

더하기

덧셈을 할 때에는 +를 사용해요. +는 더하기라고 읽어요. +는 덧셈을 하라는 뜻으로 세상 사람들이 모두 약속한 기호예요.

"이번에는 뺄셈을 가르쳐 줄게요."
엄마는 커다란 새장 앞에 섰단다.
새장 안에는 앵무새와 뻐꾸기, 이름 모를 새들이 지저귀고 있었어.
그런데 새들도 외눈박이처럼 모두 눈이 하나였어.
"새 9마리가 날아다니고 있어요.
여기에서 3마리를 놓아주면, 몇 마리가 남을까요?"

새장 문을 열자, 새 3마리가 후드득 숲으로 날아갔어.
초록 외눈박이가 손을 번쩍 들더구나.
"6마리요!"
"맞았어요. 이것을 **빼기**라고 해요.
9마리에서 3마리 빼는 것을 9-3이라고 써요.
9 빼기 3은 6이에요.
다함께, 9-3=6!"
"9 빼기 3은 6!"
외눈박이들은 조개처럼 입을 벌리며 큰 소리로 따라했어.

괴물들의 수학 공부

빼기
뺄셈을 할 때에는 -를 사용해요. -는 빼기라고 읽어요.
-는 뺄셈을 하라는 뜻으로, 세상 사람들이 모두 약속한 기호예요.
빼기(-)는 더하기(+)보다 조금 어려워요.
하지만, 수 가르기를 잘하면 쉬워요.

뿔 달린 외눈박이와 털북숭이 외눈박이가 찾아왔어.

"대왕마마, 공정한 재판을 해주십시오.

뿔 외눈박이가 사슴을 잡아주면
아침에 감자 4개, 저녁에 감자 3개를 주겠다고
약속을 했습니다.

그런데 고작 아침에 3개, 저녁에 4개를 주는 게 아닙니까?

뿔 외눈박이에게 벌을 내려주십시오."

"억울합니다. 저는 약속대로 모두 주었습니다."
뿔 외눈박이는 가슴을 치며 답답해 했어.
이마가득눈 대왕은 누구 말이 맞는지 알쏭달쏭했어.
엄마가 이마가득눈 대왕에게 귓속말을 속삭였어.
"염려마세요. 덧셈을 알면, 공정한 판결을 내릴 수 있어요."
덧셈을 할 때, 두 수를 바꾸어 더해도 답은 똑같아요.
4 더하기 3은 7이에요.
거꾸로, 3 더하기 4도 7이에요.
아침에 4개, 저녁에 3개를 준 것이나
아침에 3개, 저녁에 4개 준 것이나
똑같이 7개를 준 거예요.
뿔 외눈박이는 죄가 없어요."
이마가득눈 대왕은 이마를 찰싹 쳤어
"엄마, 대단해요!"

"여러분, 마지막으로 덧셈과 뺄셈의 비밀을 알려줄게요.
덧셈과 뺄셈은 정반대 같지만,
알고 보면 사이좋은 형제예요. 왜 그럴까요?"
엄마는 꽃다발에서 꽃을 뽑으면서 말했어.
"장미 2송이와 국화 3송이를 더하면, 2+3=5송이예요.
전체 꽃에서 국화는 몇 송이일까요? 5-2=3송이예요.
전체 꽃에서 장미는 몇 송이일까요? 5-3=2송이예요."
이번에는 줄무늬 외눈박이가 손을 번쩍 들었어.
"신기해요! 2+3=5가 5-3=2로 바뀌고, 5-2=3으로 바뀌어요.
숫자는 그대로인데, 순서만 바뀌어요."
엄마는 손뼉을 쳤어.
"맞아요! 덧셈이 뺄셈으로, 뺄셈이 덧셈으로 바뀔 수 있어요.
그래서 덧셈과 뺄셈은 헤어질 수 없는 형제 사이랍니다."
이제 외눈박이 괴물들은 더는 싸우지 않았어.
누구나 덧셈과 뺄셈을 할 줄 알게 되었으니까.

어느덧 엄마가 외눈박이 나라에서 떠나는
마지막 날이 되었어.
이마가득눈 대왕과 온갖 괴물들이 몰려나왔어.
이마가득눈 대왕은 엄마의 손을 꼭 잡았어.
"두눈박이 엄마, 덧셈과 뺄셈을 가르쳐주셔서 고마워요.
앞으로 싸우지 않고 **사이좋게** 잘 살겠어요."

"엄마, 고마워요. 엄마, 사랑해요. 엄마, 또 와요."
괴물들은 눈물을 흘리며 작별 인사를 했어.
"엄마, 만세! 사람 만세!"
엄마는 큰 가마에 올라타고 집으로 돌아왔단다.

아람이는 아직도 **수학**이 싫으니?
숫자만 보면 눈동자가 빙글빙글, 머리가 어질어질하니?
아니라고? 외눈박이보다 수학을 더 **잘하고** 싶다고?
그래! 그래서 아람이도 나중에 외눈박이들에게 수학을 가르쳐 주렴.

엄마와 함께 읽어 봐요

이마가득눈 대왕이 가르쳐주는
덧셈과 뺄셈

어험! 난 외눈박이 나라의 대왕 이마가득눈 대왕이야! 무서워? 난 눈 두 개 달린 너희가 더 무서워!

엄마는 정말 훌륭하신 분이야. 우린 엄마가 없었으면, 아직까지도 덧셈과 뺄셈을 할 줄 몰라 치고받고 싸웠을 거야.

처음부터 덧셈과 뺄셈을 잘하기는 어려워. 그러니까 가르기와 모으기부터 하나씩 배우면, 덧셈과 뺄셈을 쉽게 배울 수 있단다.

1, 2, 3, 4, 5……. 이걸 수라고 한다는 건, 다들 알고 있지?

그런데 말이야. 여러 개의 수를 하나로 모으기도 할 수 있고, 하나의 수를 여러 개로 가르기도 할 수 있어. 잘 봐.

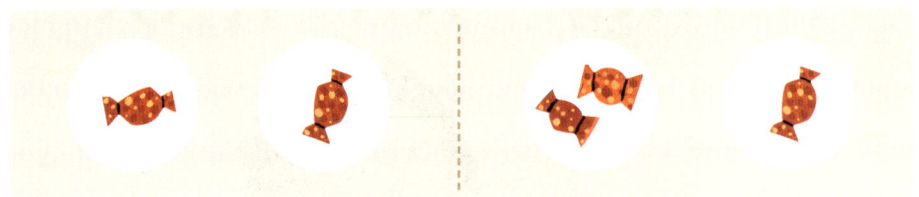

사탕 2개가 있어. 2개는 1개와 1개로 가르기를 할 수 있어. 사탕 3개가 있다면, 1개와 2개로 가르기를 할 수 있지. 이번에는 모으기를 알아보자.

사탕 2개와 2개를 모으면 몇 개가 될까? 4개야.
사탕 2개와 3개를 모으면 5개가 된단다. 이것을 **모으기**라고 하는 거야.
모으기는 덧셈, 가르기는 뺄셈이란다. 덧셈을 할 때에는 **+를** 사용해. +는 **더하기**라고 읽지. +는 **덧셈**을 하라는 뜻으로 세상 사람들이 약속한 기호란다.
뺄셈을 할 때에는 **−를** 사용해. −는 **빼기**라고 읽지. 빼기(−)는 더하기(+)보다 조금 어려워. 하지만, 수 가르기를 잘하면 쉬우니까 걱정 마.

필통에 연필 3자루가 들어있었어. 엄마가 연필 2자루를 더 깎아서 넣어주셨어. 그럼, 필통에는 연필이 모두 몇 자루가 들어있을까? 5자루야. 덧셈으로 나타내면, 3+2=5. 쉽지? 덧셈이란 이런 거야.

초콜릿 5개를 갖고 있었어. 그 중에서 2개를 먹었다면, 몇 개가 남았을까? 3개. 뺄셈으로 나타내면, 5-2=3. 뺄셈도 쉽지?

덧셈과 뺄셈은 아주 특별한 사이란다. 정반대 같지만, 덧셈이 뺄셈으로, 뺄셈이 덧셈으로 변하기도 해. 잘 봐.

$5+4=9$
➡ $9-5=4$
➡ $9-4=5$

$7-5=2$
➡ $2+5=7$
➡ $5+2=7$

어때 찾았니? 같은 수가 서로 자리만 바꾸면서, 덧셈이 뺄셈으로 변하고, 뺄셈이 덧셈으로 변했어. 덧셈을 뺄셈으로, 뺄셈을 덧셈으로 바꾸는 방법도 꼭 알아두렴. 덧셈과 뺄셈을 다 배웠으면, 외눈박이 나라로 놀러와! 안녕!

엄마와 함께 **풀어봐요**

1 스핑크스의 수수께끼

초록 괴물과 빨간 괴물, 파란 괴물은 여행을 떠났어요.
무서운 스핑크스가 길목을 지키고 있었어요.
"내가 수수께끼를 내겠다. 만약 맞추지 못하면, 잡아먹겠다!"
괴물들은 너무 무서워서 벌벌 떨었어요.

 스핑크스가 내는 문제를 보고, ◯ 안에 알맞은 수를 써넣으세요.

❶

너희들에게 묻겠다. 나는 지금 구슬 5개를 갖고 있다.
오른쪽 손에 3개를 쥐었다면, 왼쪽 손은 몇 개를 쥐었겠느냐?
못 맞추면, 잡아먹겠다!

 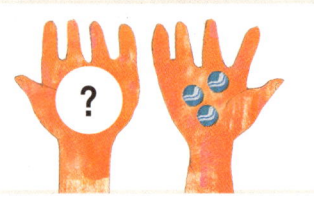 ➡ ◯ 개

❷

수학을 잘하는 괴물이로구나! 선물로 맛있는 박쥐를 나눠 주겠다. 초록 괴물에게는 2마리, 빨간 괴물에게도 2마리, 파란 괴물에게도 2마리씩 주겠다. 박쥐를 모두 모으면 몇 마리냐?

   ➡ ◯ 마리

정답 | ① 2 ② 6

2 견우와 직녀의 다리놓기

우리는 견우와 직녀예요. 우리는 너무 사랑하는 사이랍니다.
그런데 우리는 1년에 딱 한 번 만날 수 있어요.
그날이 바로 7월 7일이지요.
7이 되도록 수 두 개를 연결해서 우리를 만나게 해주세요.

 두 개의 수를 더해서, 7이 되도록 서로 연결하세요.

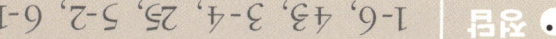

정답 | 1-6, 4-3, 3-4, 2-5, 5-2, 6-1

무엇을 배울까? ● 묶어 세기 알아보기 ● 곱셈과 나눗셈 알아보기

어디에 나왔을까? ● 2학년 1학기 6단원. 곱셈 ● 2학년 2학기 2단원. 곱셈구구
● 3학년 1학기 3단원. 나눗셈

● 곱셈 나눗셈 편

감자를 나누는 마법의 주문

별님도, 달님도 잠든 깊은 밤.
잠들었던 아람이가 문득 눈을 떴어.
덜컥, 덜컥.
바람에 흔들리는 창문 소리일까?
휘잉, 휘잉. 똑똑똑.
바람에 부딪치는 나뭇가지 소리일까?
덜컹, 덜컹. 똑똑똑.
누가 두드리는 걸까?
혹시 누가 찾아온 건 아닐까?
그런데 저게 뭐야?
검은 그림자들이 창문 앞에 왔다 갔다 하지 않겠어?
아람이는 이불을 코 밑까지 잡아당겼어.

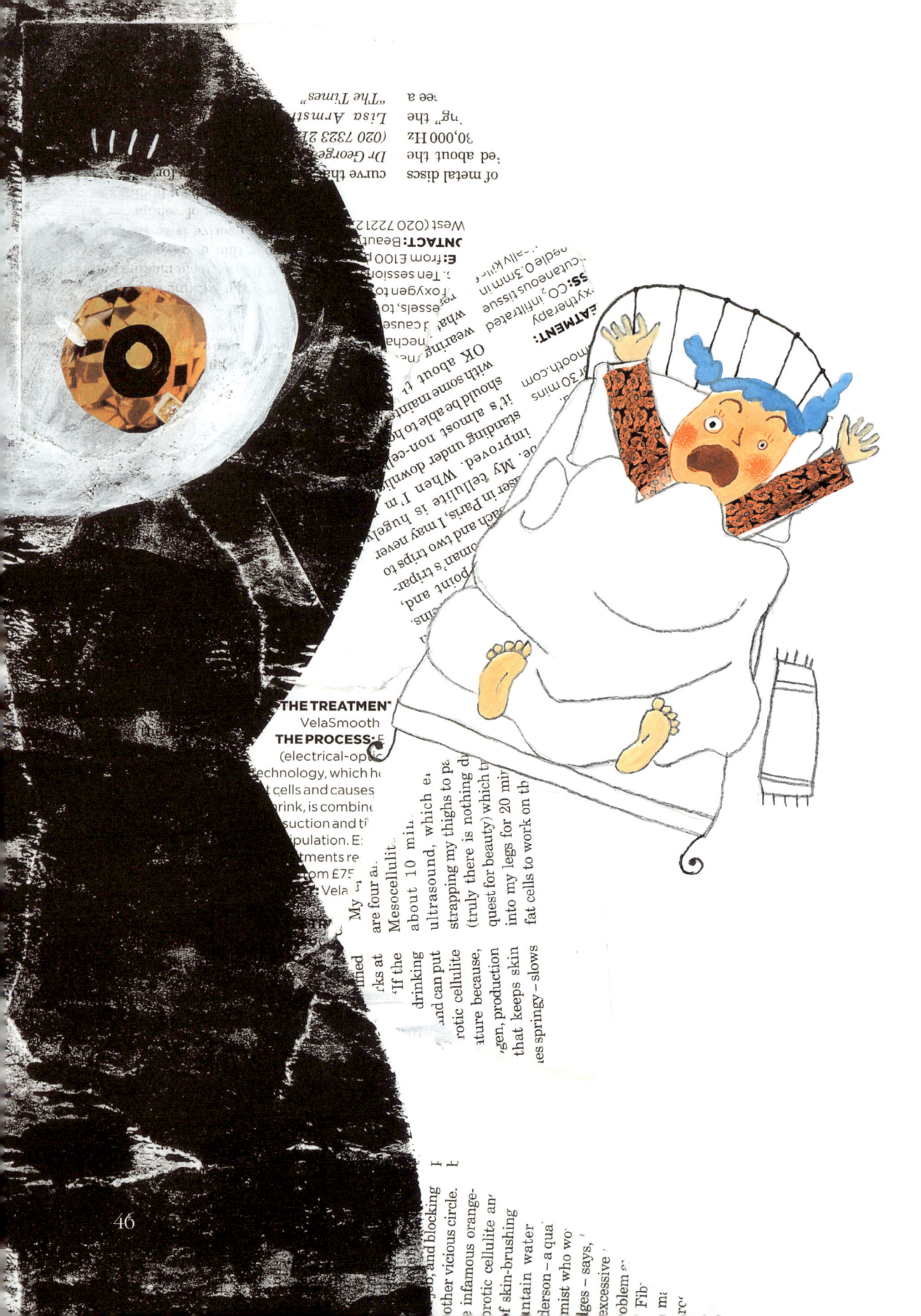

드르륵.

그림자들이 창문을 열더니 방안으로 들어왔어!

아람이는 무서웠지만,

오줌을 찔끔 싸지는 않았어.

아람이는 그 정도는 참을 수 있는 아이니까.

"여기 아람이네 집 맞나요?"

굵은 목소리로 그림자가 물었어.

"엄마님이 사는 곳 맞나요?"

걸쭉한 목소리로 다른 그림자가 또 물었어

가로등 불빛이 그림자를 비추었어.

그런데 저게 뭐야?

눈이 하나밖에 없잖아!

"꺄악!"

아람이는 비명을 질렀어.

"죄송합니다. 죄송해요."
그림자들은 외눈박이 괴물들이었어.
왕방울과 소방울은 무릎을 꿇고 굽실거렸지.
엄마와 아빠는 화가 난 얼굴로 쳐다봤지.

한밤중에 찾아와 아람이를 놀라게 했으니까.

외눈박이를 처음 본 아람이는 눈이 동그래졌어.

"엄마님이 덧셈 뺄셈을 가르쳐줘서 한동안 평화로웠어요."

왕방울이 말문을 열자, 소방울이 말을 이었어.

"그런데 개수를 세는 것이 너무 어려워요."

"뭐가요?"

"세어야 할 개수가 많으니까 헷갈려요.
개수를 세다가 중간에서 까먹어요. 자꾸 틀리기도 하고요."

눈치 빠른 엄마가 고개를 끄덕였어.

"그래서 또 싸움을 하게 되었단 말이로군요!"

왕방울과 소방울이 목을 움츠리며 고개를 끄덕였어.

엄마는 외눈박이 나라에 다시 다녀오기로 했어.
"나도 따라갈래요! 절대 안 떨어질 거예요!"
아람이도 떼를 쓰지 뭐야.
가방까지 매고, 짝짝이 양말을 신고서!
엄마는 할 수 없이 아람이를 데리고 가기로 했어.
외눈박이 나라는 버스로도, 기차로도,
가장 빠른 비행기로도 갈 수 없는 나라라는 건 알지?
지도에 없어서 쉽게 찾을 수도 없는 나라지.
"그런데, 지난 번처럼 오래 걸리면 어떡하지?"
엄마가 걱정스레 외눈박이들을 바라보았어.

"걱정 마세요. 금방 갈 수 있는 방법을 알아왔어요.
우리 등에 업혀 눈을 꼭 감고 **열 번**만 세면 돼요."
엄마와 아람이는 왕방울 소방울의 등에 업혔어.
놀이기구를 타는 것처럼 **오르락내리락** 어질어질했지.

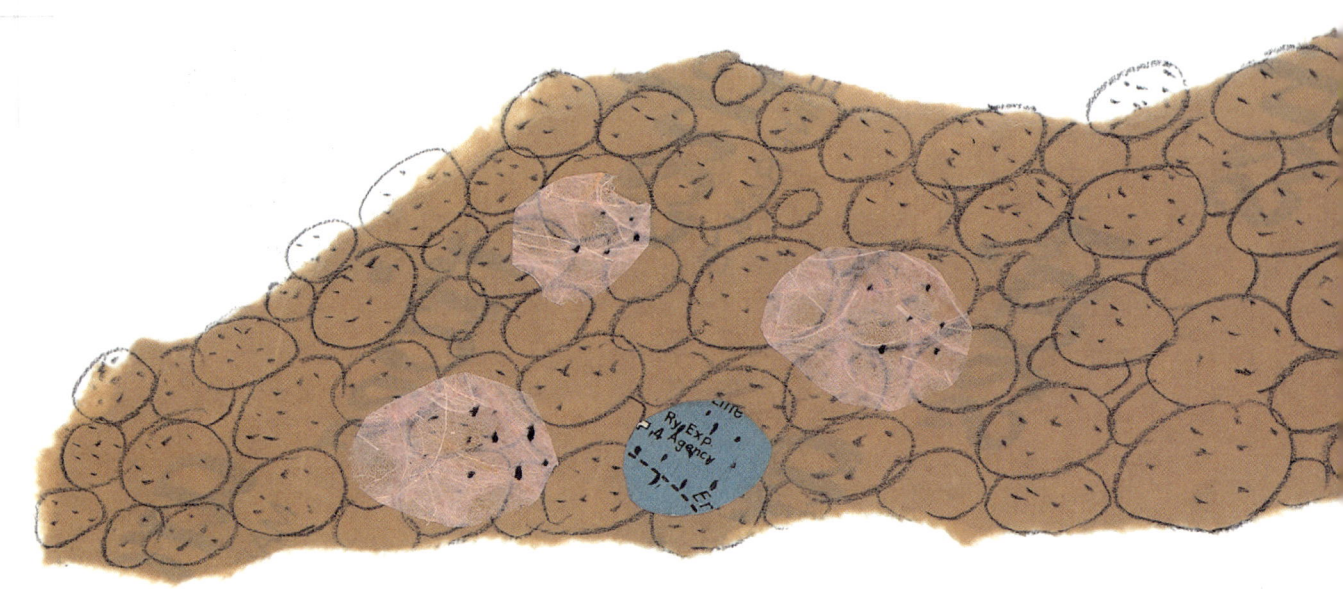

엄마와 아람이가 도착하자
이마가득눈 대왕이 맨발로 달려 나왔어.
이마가득눈 대왕은 눈이 정말 컸어.
눈동자는 주먹만 했고,
속눈썹은 빗자루처럼 길었지.

마당에는 감자들이 산더미처럼 쌓여 있었어.
"이 많은 걸 언제 세나요?
언제 하나하나 세서 백성들에게 나눠주나요?"
이마가득눈 대왕은 땅이 꺼져라 한숨을 푹 쉬었어.
외눈박이 신하들도 덩달아 하늘이 무너져라 한숨을 푹 쉬었지.

"묶어 세기만 할 줄 알면 돼요.
둘씩, 셋씩, 넷씩, 다섯씩, 여섯씩……
묶어 세면 더 빠르고 편하게 수를 셀 수 있어요."
엄마가 웃으면서 말했어.
외눈박이들의 눈이 더 커지고 더 동그래졌어.
"감자를 3개씩 묶어서 세어 봐요."

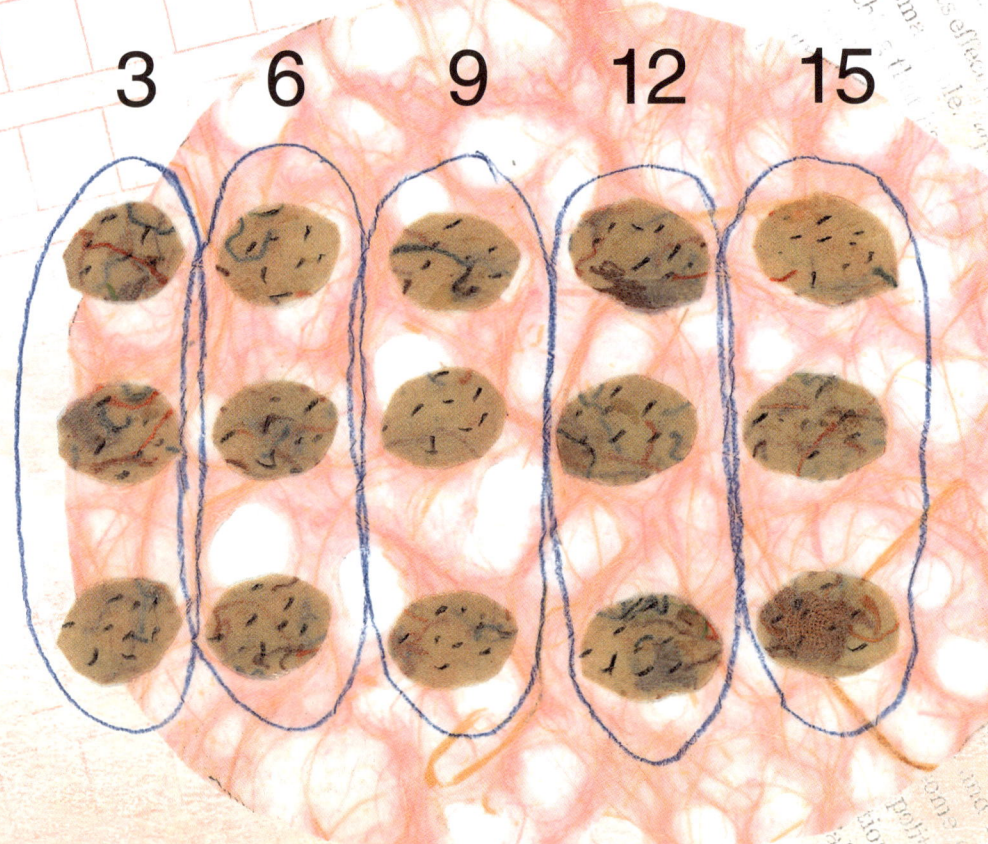

"감자를 5개씩 묶어서 세어 봐요."

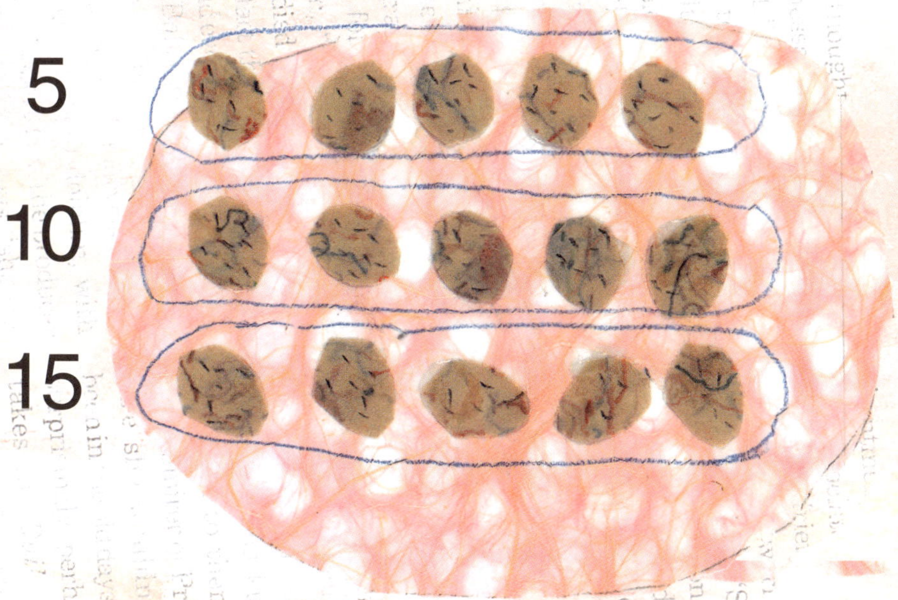

5
10
15

"하나씩 세는 것보다 몇 개씩 묶어서 세니까 훨씬 편해요!"
이마가득눈 대왕이 크게 웃었어.

"3씩 묶어 세기는 3씩 더하면서 세는 거예요."

$3 + 3 + 3 + 3 + 3 = 15$

"5씩 묶어 세기는 5씩 더하면서 세는 거네요!"

$5 + 5 + 5 = 15$

"**7씩 묶어 세기**는 7씩 더하면서 세는 거구요!"

"묶어 세기를 아주 잘하는 방법을 알려줄까요?"
엄마가 물었어.
외눈박이들은 커다란 귀가 솔깃해졌어.
"**곱하기!**"
"곱하기? 곱빼기는 아는데!"
외눈박이들이 말했어.

나를 따라 곱셈의 노래를 불러 보세요.

예쁜 클로버의 잎은 3개.

클로버가 4개 있다면, 3씩 묶어 세어요.

$$3+3+3+3=12$$
$$3\times4=12$$

"곱셈식으로 나타내면, 3 곱하기 4는 12! 클로버 잎은 모두 12개!"

"3×4=12! 모두 12개!"

두눈박이의 눈은 2개.

두눈박이가 3명 있다면 2씩 묶어 세어요.

$$2+2+2=6$$
$$2\times3=6$$

"곱셈식으로 나타내면, 2 곱하기 3은 6! 두눈박이의 눈은 모두 6개!"

"2×3=6! 모두 6개!"

왕뚱뚱 코끼리의 다리는 4개.

코끼리가 5마리 있다면, 4씩 묶어 세어요.

$$4+4+4+4+4=20$$
$$4\times5=20$$

"곱셈식으로 나타내면, 4 곱하기 5는 20!
코끼리 다리는 모두 20개!"

"4×5=20! 모두 20개!"

팔랑팔랑 나비의 다리는 6개.

나비가 6마리 있다면, 6씩 묶어 세어요.

$$6+6+6+6+6+6=36$$
$$6\times6=36$$

"곱셈식으로 나타내면, 6 곱하기 6은 36!
나비 다리는 모두 36개!"

"6×6=36! 모두 36개!"

"곱셈을 잘하는 마법의 주문이 있어요."
"마법의 주문요? 그건 강 건너 마귀할멈만 할 수 있는 건데!"
"아니요. 누구나 할 수 있는 곱셈의 주문이지요. 우리 아람이도 할 수 있는 걸요!"
엄마의 말에 외눈박이들은 우와, 하고 감탄을 터트렸어.
아람이는 씩씩하게 **구구단**을 외우기 시작했어.
외눈박이들이 부러운 눈으로 아람이를 바라봤어.
엄마는 외눈박이들에게 마법의 구구단을 선물해 주기로 했어.
아람이와 엄마는 구구단 표를 만드느라 아주 바빴단다.

괴물들의  수학 공부

곱하기

곱셈을 할 때에는 ×를 사용해요.
×는 곱하기라고 읽어요.
×는 곱셈을 하라는 뜻으로, 세상 사람들이 모두 약속한 기호예요.

끄응!

외눈박이들이 앓는 소리를 냈어.

"감자 8개를 4명에게 나눠주려고 해요.

어떻게 나눠줘야 하는지 모르겠어요."

이마가득눈 대왕이 머리를 긁었어.

"내 머리로도 도저히 안 되겠는걸.

엄마님에게 부탁해야겠어! 엄마님을 모셔오너라!"

"똑같이 나누기를 하면 돼요."

엄마가 말했어.

"감자 8개를 4명에게 똑같이 나눠주려면,

감자 8개가 없어질 때까지 4명에게 1개씩 차례로 나눠주세요."

4명이서 2개씩 가져가면 감자를 하나도 남기지 않고 똑같이 나눌 수 있어요.

8-2-2-2-2=0

어쿠!

외눈박이들이 또 앓는 소리를 냈어.

"감자 9개를 한 봉지에 3개씩 넣으려고 해요. 봉지가 몇 개나 필요한지 모르겠어요."

"또 똑같이 나누기를 해보세요.

감자 9개가 없어질 때까지 3개씩 덜어내 보세요.

3개씩 3번 덜어내면 감자를 하나도 남지 않고 똑같이 나눌 수 있어요. 그러니까 봉지는 3개 필요하지요."

9-3-3-3=0

"다른 방법도 있어요. 감자 9개를 3개씩 묶으면 몇 묶음이 될까요?"

"3묶음요! **봉지 3개**가 필요해요!"
"그래요. 3개씩 묶으면 감자가 하나도 남지 않고 3묶음이 되지요."

"나누어 주기를 잘하는 방법이 있어요.
나눗셈을 잘하면 돼요.
감자 8개를 4명에게 나누어 주기를 나눗셈으로 하면?"

8-2-2-2-2=0 8÷4=2

"8 나누기 4는 2!"

엄마를 따라서 외눈박이들이 크게 외쳤어.

"감자 9개를 한 봉지 3개씩 넣기를 나눗셈으로 하면?"

9-3-3-3=0 9÷3=3

"9 나누기 3은 3!"

엄마를 따라서 외눈박이들이 신나게 외쳤어.

괴물들의 **수학 공부**

나누기

나눗셈을 할 때에는 ÷를 사용해요. ÷는 나누기라고 읽어요. ÷는 나눗셈을 하라는 뜻으로, 세상 사람들이 모두 약속한 기호예요.

엄마는 외눈박이들에게 수수께끼를 냈어.
"**곱셈과 나눗셈**은 닮은 점도 있고,
다른 점도 있어요.
어떤 점이 닮았고, 어떤 점이 다를까요?"
외눈박이들은 큰 눈을 뒤룩뒤룩 굴렸어.
너무 빨리 굴려 소리가 날 정도였지.
"알았어요, 알았어! 닮은 점은 **여러 번**이에요!"
이마가득눈대왕이 소리쳤어.
"같은 수를 여러 번 더하는 것은 **곱셈**이고요.
같은 수를 여러 번 빼는 것은 **나눗셈**이에요."

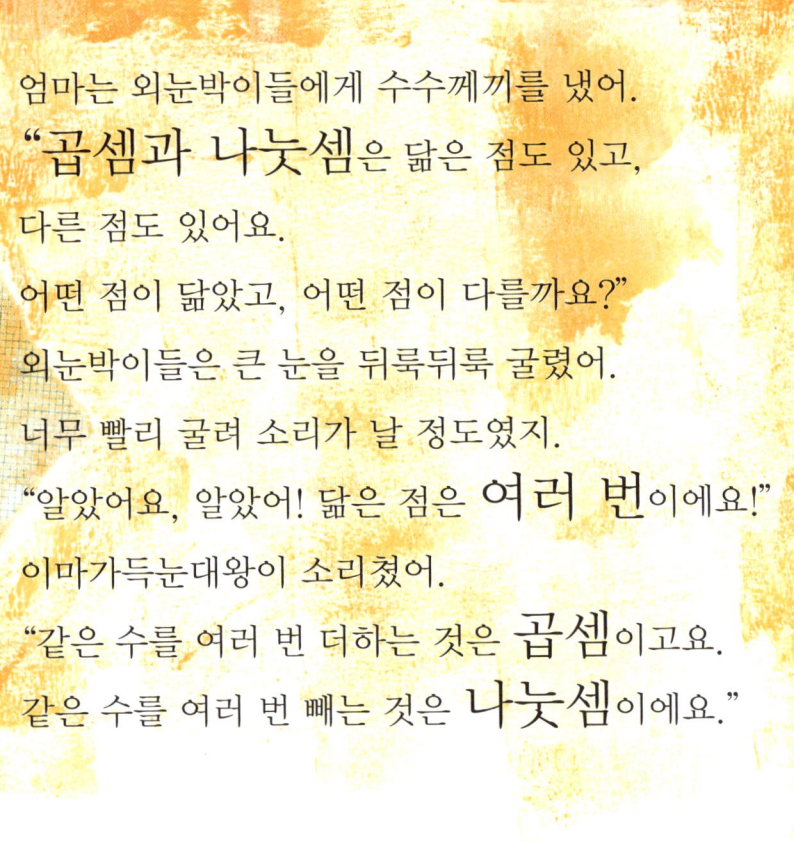

3씩 거듭 더하면 곱셈식

$$3+3+3+3+3+3=18 \quad \Rightarrow \quad 3 \times 6 = 18$$

3씩 덜어내면 나눗셈식

$$18-3-3-3-3-3-3=0 \quad \Rightarrow \quad 18 \div 3 = 6$$

"맞았어요!"

엄마가 손뼉을 쳐주자 이마가득눈대왕은 으쓱 어깨에 힘을 줬어.

모두 부러운 눈으로 바라봤지.

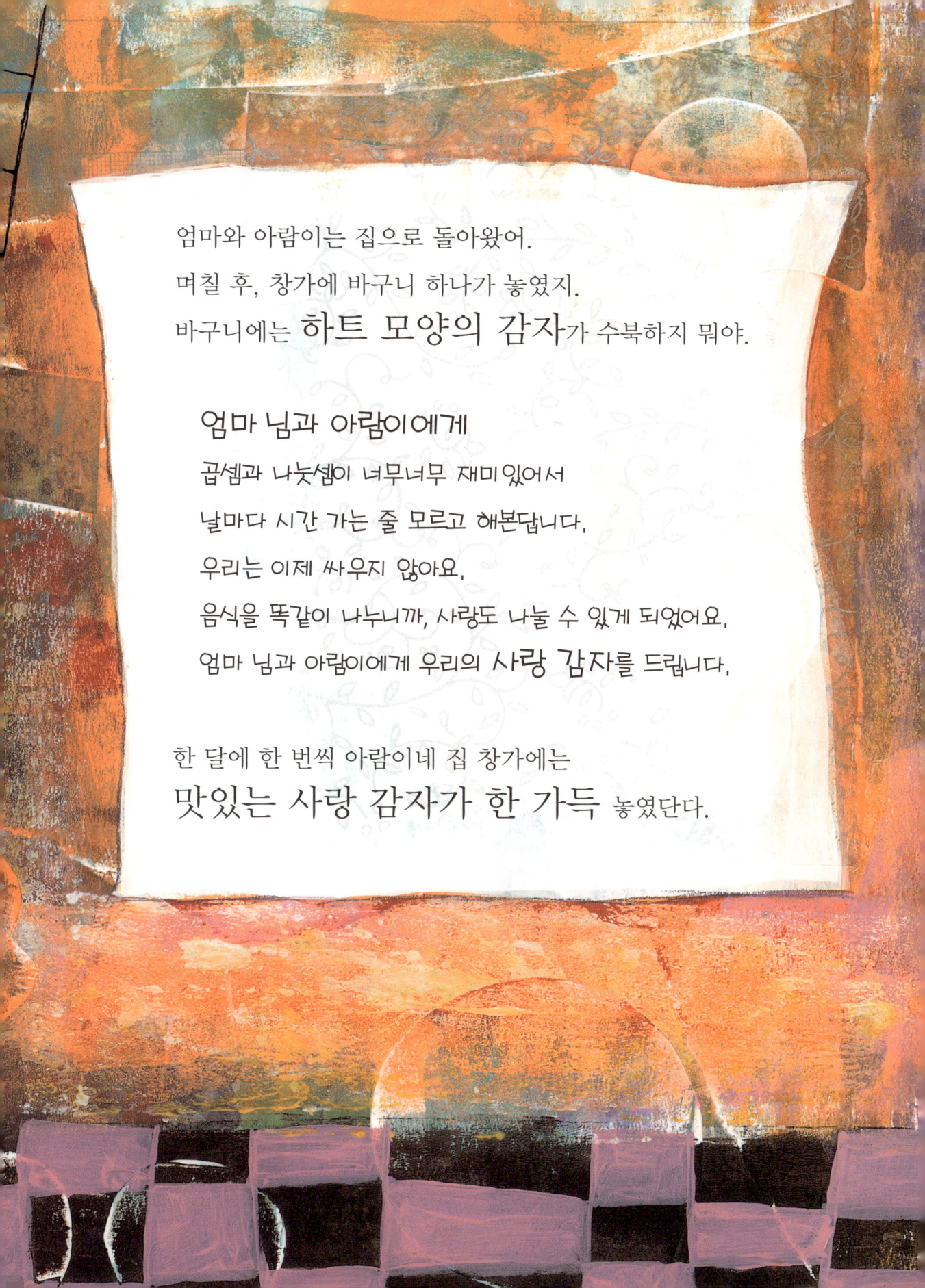

엄마와 아람이는 집으로 돌아왔어.
며칠 후, 창가에 바구니 하나가 놓였지.
바구니에는 **하트 모양의 감자**가 수북하지 뭐야.

엄마 님과 아람이에게
곱셈과 나눗셈이 너무너무 재미있어서
날마다 시간 가는 줄 모르고 해본답니다.
우리는 이제 싸우지 않아요.
음식을 똑같이 나누니까, 사랑도 나눌 수 있게 되었어요.
엄마 님과 아람이에게 우리의 **사랑 감자**를 드립니다.

한 달에 한 번씩 아람이네 집 창가에는
맛있는 사랑 감자가 한 가득 놓였단다.

엄마와 함께 읽어 봐요

아람이가 가르쳐주는
곱셈 나눗셈

곱셈의 마법

너희는 곱셈, 나눗셈을 할 줄 아니? 아직 모른다고? 그렇다면 세어야 할 개수가 많을 때에는 어떻게 해? 하나씩 세다가 보면 하루가 다 지나갈 걸! 이럴 때에는 묶어 세기를 해. 둘씩, 셋씩, 넷씩, 다섯씩, 여섯씩…… 묶어서 세면 훨씬 빨리, 틀리지 않게 셀 수 있어.

사탕을 3개씩 묶어 세기를 하는 것은 3개씩 더하면서 세는 거야.

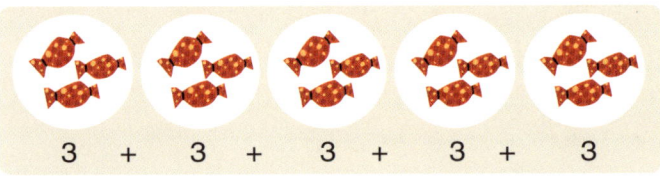 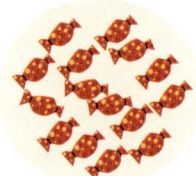

구슬을 5개씩 묶어 세기를 하는 것은 5개씩 더하면서 세는 거야.

그런데 이걸 아주 쉽게 할 수 있어.
곱셈으로 하면 돼. 덧셈이 모이면 곱셈이 되거든.

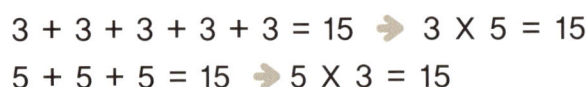 

만약 곱셈을 못한다면, 덧셈을 여러 번 해야만 하니까 아주 힘들 거야. 여러 번 덧셈을 하지 말고, 곱셈을 할 줄 알면 정말 편리해.

곱셈을 잘하려면 구구단이란 걸 외워야 해.
구구단을 외우면 아무리 어려운 곱셈이라도 쉽게 할 수 있지.
구구단을 쉽게 외우는 법을 알려줄까? 1단을 외울 때에는 허수아비 다리를 떠올려 봐. 2단을 외울 때에는 토끼 귀를 떠올리고, 3단을 외울 때에는 클로버 잎을 떠올려. 4단을 외울 때에는 코끼리 다리를 떠올리고, 5단을 외울 때에는 손가락을 떠올려.
이렇게 머릿속에 떠올리면서 외우다가 보면 나중에는 술술 잘 외울 수 있어.

나눗셈의 마법

친구들이랑 과자를 나누어 먹을 때 싸우지는 않니?
나눗셈을 잘 하면 똑같이 나누기를 잘할 수 있어.
과자 8개를 4명이 사이좋게 나누어 먹으려면 몇 개씩 먹어야 할까?
과자 8개가 없어질 때까지 1개씩 나누어 봐. 그러면 2개씩 가질 수 있을 거야.

8-2-2-2-2=0 ▶ 8÷4=2

나눗셈을 잘하면 이런 건 쉽게 할 수 있지.
그런데 사탕 10개를 3명이 나누어 가지려면 어떻게 해야 할까?

10-3-3-3=1 ▶ 10÷3=3……1

3개씩 나누어 갖고, 1개가 남을 거야.
이렇게 나누어지지 않고 남는 것을 '**나머지**'라고 해.

엄마와 함께 풀어봐요

1 묶어 세기

외눈박이 왕국에 감자가 너무 많이 쌓여서 나눠가져야 해요.
감자는 외눈박이 한 집 당 세 개씩 가져갈 수 있어요.

❶ 세 개씩 한 번 묶어볼까요?

❷ 외눈박이 몇 집에서 가져갈 수 있나요?

 집

❸ 이번에는 외눈박이 한 집 당 다섯 개씩 가져가기로 했어요.
다섯 개씩 묶어보세요.

❹ 외눈박이 몇 집에서 가져갈 수 있나요?

 집

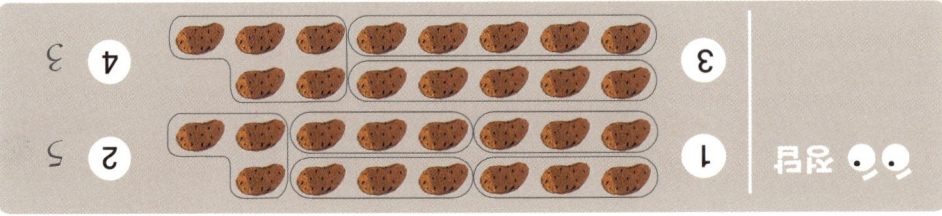

2 감자 똑같이 나누기

외눈박이 괴물 6명이서 감자 12개를 똑같이 나누려고 해요.
몇 개씩 나누어 가지면 될까요?

❶ 감자를 6묶음으로 묶어 보세요.

❷ 외눈박이 한 명당 감자를 몇 개씩 나누어 가졌나요?

 개

❸ 이것을 나눗셈 식으로 나타내어 보세요.

12÷ ⬯ = ⬯

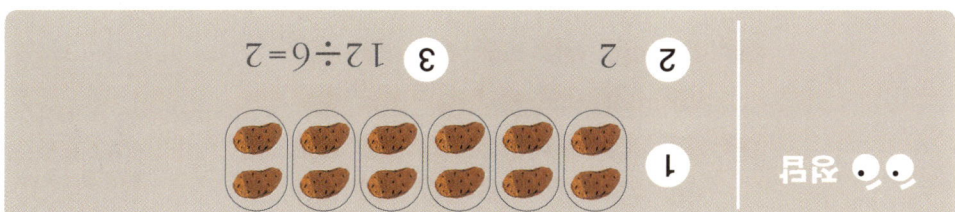

 무엇을 배울까? ● 몇 시인지 알아보기 ● 시계보기

어디에 나왔을까? ● 1학년 2학기 4단원. 시계보기 ● 2학년 2학기 4단원. 시각과 시간

● 시간 편

돌아라!
마법의
시계야!

쿵쿵쿵, 엄마가 방문을 두드렸어요.
"일어나. 8시가 다 되어 가!"
돌돌 말린 이불이 애벌레처럼 꼼지락거려요.
"유치원 늦겠다. 얼른 세수하고 밥 먹어야지."
엄마가 들어와 이불을 훌쩍 걷었어요.
데구루루, 동동이는 침대 구석으로 굴러갔어요.
동동이는 눈을 반쯤 감은 채 일어났어요.
"눈꺼풀이 너무 무거워요. 눈곱만큼만 더 잘게요."
"시계를 봐! 9시에 유치원 버스가 오잖니!"
동동이는 억지로 일어나 느릿느릿 옷을 입었어요.
벽시계를 쳐다보며 흥, 하고 **콧방귀**를 뀌었어요.
"네가 뭐 그리 대단해?
내가 왜 네가 움직이는 대로 살아야 하는 건데?"

콧방귀 – 코로 숨을 참았다가 흥 하고 내쉬는 소리를 말해요.

"내가 없어졌으면 좋겠니? 내가 그렇게 미워?"
누군가 동동이에게 말을 걸었어요.
동동이는 깜짝 놀라 두리번거렸지만, 아무도 없었어요.
엄마는 주방에서 아침을 차리느라 바빴거든요.
자세히 들어보니, 벽시계 속에서 나는 소리였어요.
"난 시계 속에 사는 **울랑바탕꾸르꾸르 요정**이야.
날 만나고 싶다면 두 팔을 시곗바늘처럼 벌리고
제자리에서 열 바퀴 돌면서 내 이름을 부르렴."
시계 요정이 만나고 싶어진
동동이는 요정이 시키는 대로 맴을 돌았어요.
어질어질 비틀비틀하다가 **시계 속으로 쑥** 빨려 들어
갔지요.

어느새 동동이는 시계가 가득 찬 방에 서 있었어요.
머리카락과 눈썹이 하얀 할머니가 **시계태엽**을 감고 있었어요.
"어서 오렴. 이곳은 세상의 시간을 움직이는 똑딱똑딱 방이란다."
"우아, 정말 신기하고 예쁜 시계들이 많아요."
"선물로 줄 테니, 하나 골라보렴.
그 대신, 앞으로는 시계를 미워하지 말고 시간을 잘 지켜야 한다."
예쁜 **손목시계**, 비싸 보이는 **벽시계**도 있었어요.
하지만 동동이는 유리도 없고 군데군데 색깔도 벗겨진,
낡아빠진 시계가 왠지 눈에 들어왔어요.
"할머니, 이 시계를 가지고 싶어요."
그러자 할머니가 걱정스러운 표정을 지었어요.
"이건 시간을 마음대로 움직일 수 있는 마법 시계란다.
약속을 했으니 이 시계를 주겠지만, 조심해서 다루어야 해.
네가 시계바늘을 움직일 때마다, 네가 가진 시간을
잃어버리게 된단다. 그러니까 시곗바늘을
움직일수록 넌 점점 나이가 들 거야."
흐뭇한 마음에 시계를 바라보던 동동이의
주변이 흐릿해졌어요.

시계태엽 – 시계를 움직이게 하는 동그라미 쇠붙이를 가리키는 말이에요.

눈 깜짝할 사이에 동동이는 방으로 돌아와 있었어요.
꿈인 줄 알았는데 손에는 할머니가 주신 마법의 시계가 있었어요.
"어? 꿈이 아니었잖아.
유치원에 안 가려면 어서 마법의 시계를 돌려봐야겠다."
동동이가 마법 시계의 바늘을 돌리려고 했어요.
그런데 어쩌지요? 문제가 생겼어요.
동동이는 시계를 볼 줄 몰랐거든요.
"얼마나 돌려야 하는 거야? 어느 쪽으로 돌려야 하지?
뭘 돌려야 하는 거야? 긴 거야, 짧은 거야?"

동동이는 바닥에 주저앉아 울상을 지었어요.
"에라 모르겠다. 긴 바늘을 왕창 돌리면 되겠지."
동동이는 긴 바늘을 한 바퀴 돌려놓았어요.
"시간을 뒤로 돌려놓았으니, 이제 달콤한 꿈나라로 가 볼까?"
동동이는 이불을 뒤집어쓰고 흐뭇하게 웃었어요.

시계 할머니의 **수학 공부**

시침과 분침

짧은 바늘을 시침, 긴 바늘을 분침이라고 불러요. 짧은 바늘은 시를 나타내고 긴 바늘은 분을 나타내는 바늘이지요. 긴 바늘을 움직이면 짧은 바늘도 같이 움직여요. 긴 바늘이 한 바퀴 돌 때, 짧은 바늘은 숫자 하나만큼 움직여요. 긴 바늘이 한 바퀴 돌면 60분이고, 60분은 1시간이에요. 그런데 짧은 바늘이 한 바퀴 돌면 12시간이지요.

엄마가 이불을 확 잡아당겼어요.
"동동아, 아직도 자고 있어?
9시야! 유치원 버스 왔어!"
데구루루, 동동이는 다시 침대 구석으로 굴러갔지요.
유치원 버스를 타면서 동동이는 짜증을 부렸어요.
'울랑바탕꾸르꾸르 할머니는 순 거짓말쟁이야!'
그때, 마법 시계에서 요정 할머니가 나타났어요.
"그건 네가 시간을 너무 조금 되돌려놓았기 때문이야."
"무슨 소리에요. 한 바퀴나 돌렸는데……."
"긴 바늘을 한 바퀴 돌렸지? 그건 1시간 돌린 거야.
긴 바늘은 분침이거든. 오히려 유치원에 갈 시간에 맞춘 거지.
긴 바늘이 숫자 하나만큼 움직일 때마다 시간은 5분씩 흘러가."

동동이는 고개를 끄덕였어요.
"긴 바늘이 분을 나타내면, 짧은 바늘이 시를 나타내는 거로군요"
"맞아. 시간을 많이 돌리려면 시를 가리키는 짧은 바늘을 돌려야 하고, 시간을 조금 돌리려면 분을 가리키는 긴 바늘을 돌려야 해."

"내일은 소풍날이에요. 놀이동산에 가서 신나게 놀아요."
유치원 선생님이 말하자, 아이들은 와! 소리를 질렀어요.
동동이는 집에 돌아와 **짧은 바늘**을 자신 있게 한 바퀴 돌렸어요.
어라? 이상한 일이 일어났어요!
내일은 안 오고, 환하던 창밖이 금세 깜깜한 밤이 됐어요.
동동이는 **마법 시계**에서 요정을 불렀어요.
요정 할머니는 머리를 빗으며 나타났어요.
"울랑바탕꾸르꾸르 할머니, 내일이 빨리 오게 하고 싶어요.
짧은 바늘을 몇 바퀴 돌려야 하지요?"
"**하루는 24시간**이란다. 그러니 셈을 잘 해 보렴."

동동이는 시계를 살펴보며 고개를 갸웃거렸어요.

"이상하네? 시계에 12밖에 없는 걸요?"

"짧은 바늘이 한 바퀴 돌면 12시간이 흐른단다.

그러니까 짧은 바늘을 두 바퀴 돌려야 24시간이란다.

12+12는 24니까."

동동이는 짧은 바늘을 돌리기 시작했어요.

짧은 바늘이 12를 지난 뒤에도 계속 돌려 9에 맞췄어요.

쿵쿵쿵, 엄마가 방문을 두드렸어요.

"동동아, 유치원 버스 왔다. 소풍 가야지."

동동이는 친구들과 놀이동산에 가서 신나게 놀았어요.

시계 할머니의 **수학 공부**

왜 시계에는 숫자가 1부터 12까지밖에 없을까?

하루는 24시간이에요. 하루는 지구가 제자리에서 한 바퀴 도는 데 걸리는 시간이지요. 그러는 동안 낮과 밤이 바뀌어요. 낮과 밤이 바뀌기 때문에 숫자를 24까지 쓸 필요가 없어요. 그냥 낮 1시, 밤 1시라고 하면 구분이 되니까요. 또는 오전 1시, 오후 1시라고 하기도 해요. 숫자를 24까지 쓰면 너무 복잡해서 시간 읽기가 힘들어진답니다.

다음날, 유치원에서 생일 파티를 했어요.
동동이는 생일 선물을 받는 친구들이 너무나 부러웠어요.
집에 들어오자마자, 동동이는 엄마에게 달려갔어요.
"엄마, 내 생일은 며칠 남았어요?"
"1주일 남았는걸. 벌써 기다려지니?"
"1주일이 얼마큼이에요?"
"**1주일은 7일**이란다. 그러니까 일곱 밤을 자면 되지."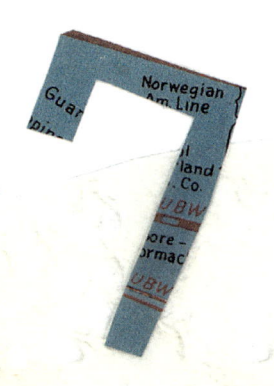
"어휴, 그렇게나 많이요?"
동동이는 기운이 빠졌어요.
까마득히 멀게 느껴졌으니까요.
동동이는 마법 시계를 꺼내 요정을 불렀어요.
"울랑바탕꾸르꾸르 할머니!
시계를 돌려서 1주일을 빨리 오게 할래요.
몇 바퀴나 돌려야 해요?"
울랑바탕꾸르꾸르 할머니가 대답했어요.
"하루를 빨리 가게 하려면 짧은 바늘을 두 바퀴 돌려야 하니까,

7일을 빨리 가게 하려면 짧은 바늘을 **두 바퀴씩 7번** 돌려야 한단다."

"두 바퀴 돌리면 하루, 두 바퀴 또 돌리면 또 하루……."

동동이는 짧은 시곗바늘을 계속 앞으로 돌렸어요.
"어휴, 다 돌렸다. 이제 무슨 일이 일어날까?" 딩동딩동, 현관에서 벨 소리가 들렸어요.

"동동아, 아빠 왔다!"

아빠는 커다란 곰 인형과 맛있는 초콜릿 케이크를 사 오셨어요.
동동이는 너무 기뻐서 춤도 추고 노래도 불렀지요.
"어? 동동이 머리에 하얀 머리가 났네?"
아빠가 동동이의 머리카락을 몇 개 뽑았어요.
따끔하긴 했지만, 동동이는 신경 쓰지 않았지요.
"아, 행복해! 매일 매일 생일이었으면 좋겠어."

울랑바탕꾸르꾸르 할머니의 목소리가 시계 속에서 들려왔어요.
"그럼 시계를 거꾸로 돌리렴.
생일 파티가 6시였으니까, 6시로 맞추렴."
동동이는 또 시계를 거꾸로 돌렸지요.
딩동딩동, 이번에는 아빠가 커다란 토끼 인형을 사 오셨어요.

동동이는 또 시계를 **거꾸로** 돌렸어요.
딩동딩동, 이번에는 아빠가 커다란
돼지 인형을 사 오셨어요.
동동이는 커다란 동물 인형들 속에
파묻혀 버렸어요.
"이상하네. 아까 생일을 했던 것
 같은데……."
아빠는 고개를 갸웃거렸어요.

시계 할머니의 수학 공부

제일 작은 시간과 제일 큰 시간

제일 작은 시간 단위는 초예요. 60초가 모이면 1분이 되지요. 60분이 모이면 1시간이 돼요. 24시간이 모이면 1일이 되지요. 7일이 모이면 1주일이 되지요. 1주일이 모이면 1개월이 되고, 1개월이 모여 12개월이 되면 1년이 된답니다. 60초는 1분, 60분은 1시간, 24시간은 1일, 7일은 1주일, 12개월은 1년입니다. 시간은 초⇨분⇨시⇨일⇨주⇨월⇨년의 순서로 커져요.

"더 재미있고 신나는 일은 없을까?"
동동이는 고개를 갸웃거렸어요.
반짝하고 좋은 생각이 떠올랐어요.
"그래! 한 달 뒤에 초등학교에 입학하지?
요정 할머니! 시계를 한 달 뒤로 돌리고 싶어요!"
울랑바탕꾸르꾸르 할머니가 시계 속에 나타났어요.
"한 달은 여러 가지란다. 28일도 한 달, 29일도 한 달, 30일도 한 달, 31일도 한 달이야."
"어휴, 너무 복잡해요. 학교나 빨리 가게 해 주세요!"
"달력을 보렴. 언제 학교에 가는지 알 수 있을 거야."
엄마는 달력에 동그라미를 치고 입학식이라고 써놨어요.
"2자에 동그라미가 그려져 있어요."
"그렇다면 2일이구나. 몇 월인지 알려주렴."
"달력 위에 3이라는 큰 글자가 있네요."
"그렇다면 3월 2일이구나. 짧은 바늘을 아주 많이 돌려야겠어."
울랑바탕꾸르꾸르 할머니가 주문을 외자, 시계가 빨리 돌아갔어요.

"입학 축하해! 우리 동동이도 초등학생이 되었네!"
엄마가 책가방과 신발을 사주셨어요. 예쁜 짝꿍도 생겼지요.
동동이는 정말 행복했어요.

어느새 봄이 왔어요.
동동이의 짝꿍이 창밖을 바라보며 말했어요.
"난 겨울이 제일 좋아.
눈사람도 만들고, 눈썰매도 탈 수 있으니까.
어서 빨리 겨울이 다시 왔으면……."
동동이가 반짝 웃으면서 말했어요.
"내가 눈이 오게 해줄까?"

"정말이야? 우와! 신난다! 빨리 해줘!"

동동이는 마법의 시계를 꺼냈어요.

시계 속에서 울랑바탕꾸르꾸르 할머니가 째려보았어요.

"마법의 시계에는 무서운 조건이 있다는 것을 잊지 마라! 네가 시곗바늘을 움직일 때마다 네가 가진 시간을 잃어버려. 그러니까 시곗바늘을 움직일수록 **넌 점점 나이가 들 거야.**"

"염려 마세요. 난 아직 어른도 안됐는걸요?"

동동이는 시곗바늘을 열심히 돌렸어요.

시계 할머니의 **수학 공부**

1년은 365일

1년은 지구가 태양 주위를 한 바퀴 도는 데 걸리는 시간이에요. 그래서 봄, 여름, 가을, 겨울 4계절이 바뀌는 것이지요. 1년은 열두 달이에요. 12개월이라고도 하지요. 또 1년은 365일로 이루어져 있답니다.

팔이 아프도록 열심히 돌리자, 정말 겨울이 됐어요!
동동이는 짝꿍이랑 솜사탕처럼 하얀 눈을 맞으며 신나게 놀았어요.
동동이는 날마다 마법 시계를 갖고 놀았어요.
신나는 일이 있으면 몇 번이고 시계를 뒤로 돌렸고,
혼날 일이 있으면 재빨리 시계를 앞으로 돌렸어요.
그러면 그럴수록 동동이의 얼굴에는 주름살이 생겼어요.
어느 날 아침, 거울을 본 동동이는 깜짝 놀랐어요.
"내 얼굴이 왜 이래!"
거울 속에는 동동이는 없고,
쭈글쭈글 할머니가 있지 뭐예요!

동동이는 눈물을 흘리면서 요정 할머니를 불렀어요.

"쯧쯧, 할머니가 주의를 줬는데도 듣지 않았구나!"

"원래대로 해주세요. 다시는 시간으로 장난치지 않을 게요."

울랑바탕꾸르꾸르 할머니는 동동이의 눈물을 닦아주었어요.

"이제야 시간이 얼마나 소중한지 알았나 보구나. 원래대로 돌려주면, 시간을 잘 지킨다는 약속을 할 수 있지?"

동동이는 고개를 끄덕였어요.

할머니가 주문을 외우자, 세상이 빙글빙글 돌았어요.

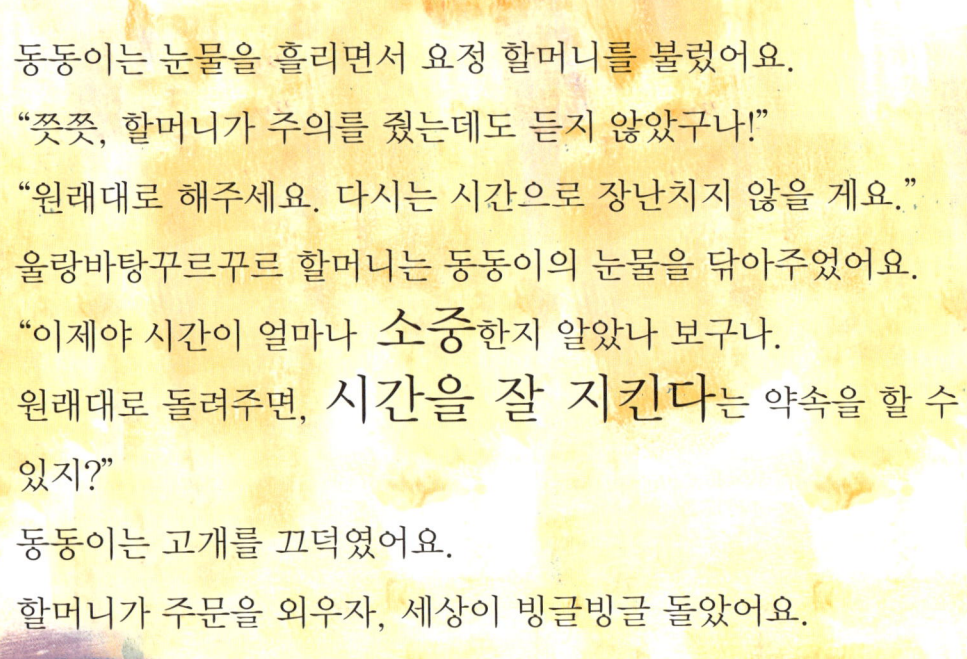

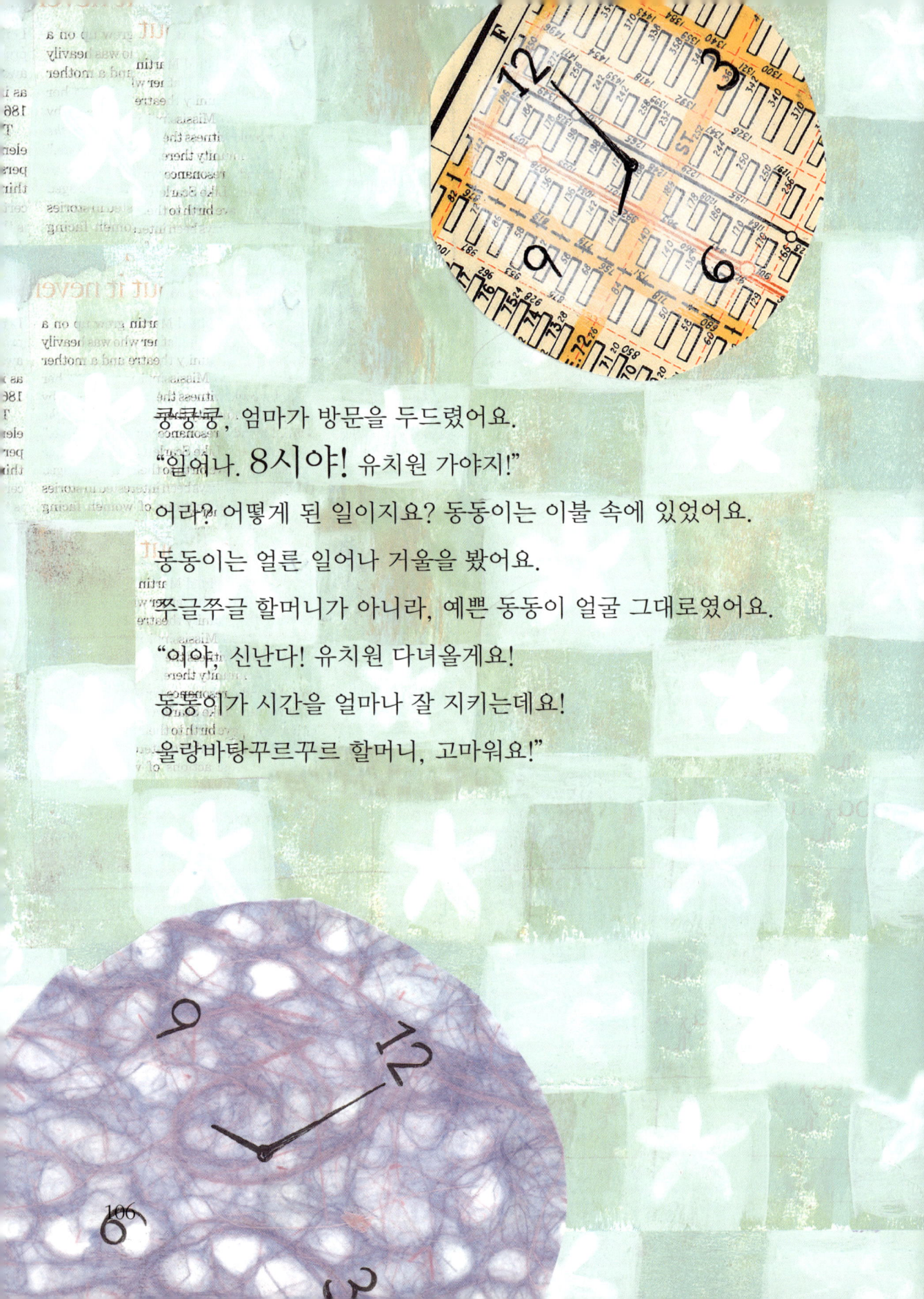

쿵쿵쿵, 엄마가 방문을 두드렸어요.
"일어나. 8시야! 유치원 가야지!"

어라? 어떻게 된 일이지요? 동동이는 이불 속에 있었어요.

동동이는 얼른 일어나 거울을 봤어요.

쭈글쭈글 할머니가 아니라, 예쁜 동동이 얼굴 그대로였어요.

"야, 신난다! 유치원 다녀올게요!
동동이가 시간을 얼마나 잘 지키는데요!
울랑바탕꾸르꾸르 할머니, 고마워요!"

엄마와 함께 읽어 봐요

시계 할머니가 가르쳐주는
마법의 시간 이야기

안녕, 친구들! 난 동동이야. 마법의 시계로 장난치다가 할머니가 될 뻔 했던 바로 그 아이지. 아직도 시간에 대해 잘 모르는 친구들이 있는 것 같아. 그래서 지금까지 내가 울랑바탕꾸르꾸르 할머니에게 배웠던 것을 알려줄게.

옛날 사람들은 시간을 어떻게 알았을까? 나무 막대기를 땅에 꽂아놓고 시간을 알았어. 해가 비치면 막대기에 그림자가 생겨. 그런데 아침에 해가 동쪽에서 떠서 저녁에 해가 서쪽으로 질 때까지 그림자의 크기가 점점 달라져. 이 그림자의 크기를 보고, 시간을 알았던 거야. 이것을 **해시계**라고 해.
그런데 해시계는 해가 지거나 날씨가 흐리면 그림자가 생기지 않으니까 사용할 수 없었어. 그래서 **물시계**를 사용하기도 했어. 그릇에 작은 구멍을 뚫고 물을 졸졸 흘러나오게 하는 거야. 시간이 흐를수록 그릇에도 물이 차올라. 그릇에 찬 물의 양을 보고 시간이 얼마나 흐른지 알았던 거야.

세상의 모든 시계는 오른쪽으로 돌아. 왼쪽으로 도는 시계는 없어. 해는 동쪽에서 떠서 서쪽으로 지지. 그래서 나무 막대기로 땅에 꽂아 만든 해시계의 그림자도 오른쪽으로 돌아가. 시계는 해시계를 흉내 낸 거야. 해시계처럼 바늘이 오른쪽으로 도는 것이지.
시계를 보면, 두 개의 바늘이 있어. 짧은 바늘은 시를 나타내는 시침이고, 긴 바늘은 분을 나타내는 분침이야. 긴 바늘인 분침이 한 바퀴 돌면 60분이야. **60분은 1시간이지.**
분침이 1을 가리키면 5분, 2를 가리키면 10분, 3은 15분, 4는 20분……. 이렇게 5분씩 늘어나. 분침이 12를 가리키면 60분이 되지.

하루는 24시간이야. 하루는 지구가 제자리에서 한 바퀴를 도는데 걸리는 시간이지. 그러는 동안 낮과 밤이 바뀌게 돼.

짧은 바늘이 한 바퀴 돌면 12시간이 흘러. 그래서 하루가 되려면 짧은 바늘이 두 바퀴 돌아야 해. 12+12는 24이기 때문이지.

작은 시간이 모이면 큰 시간이 돼. 1분이 60개가 모이면 60분이야. 60분은 1시간이지. 또 1시간이 24개 모이면 24시간이야. 24시간은 1일이지. 1일이 7개 모이면 7일이야. 7일은 1주일이지.

1일이 365개가 모인 것이 1년이야. 그래서 1년은 365일이라고 해. 1년은 지구가 태양 주위를 한 바퀴 도는 데 걸리는 시간이야. 또 12개월이 모이면 1년이야.

달력을 펼쳐 봐. 1월부터 12월까지 있을 거야. 1년은 12개월이기 때문이야.

달력에서 오늘이 무슨 요일인지 찾아보렴. 먼저 달을 찾고, 일을 찾아. 그러면 오늘이 무슨 요일인지, 며칠이 지나면 이번 주가 끝나는지 알 수 있어. 내 생일이 무슨 요일인지, 얼마나 남았는지도 알 수 있지.

엄마와 함께 풀어봐요

1 지금은 몇 시일까?

 똑딱똑딱 시간은 계속 흘러가고 있단다. 강물처럼 멈추지 않고 흘러가고 있어. 시간은 결코 멈추는 법이 없지. 마법의 시계가 6개 있구나. 몇 시인지 알아맞혀야 마법이 풀린단다.

 시간을 알려면 짧은 바늘을 봐야 하지요? 짧은 바늘이 시침이니까요.

 긴 바늘이 12에 가 있으면 짧은 바늘이 가리키는 숫자가 시간을 나타내는 거란다.

 다음 시계를 보고, 몇 시인지 시계 아래에 써보세요.

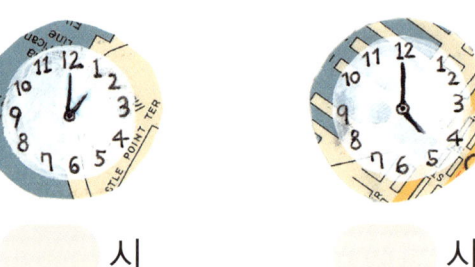

시　　　시　　　시

시　　　시　　　시

정답 ❋❋ | 1시 / 5시 / 7시 / 12시 / 8시 / 10시

2 시간 모아 더 큰 시간 만들기

시간이 모이면 더 큰 시간이 돼요.
시간을 조금씩 모아서 더 큰 시간을 만들어 볼까요?

○ 안에 들어갈 시간의 단위를 써보세요.

1초가 60개 모이면 60초가 되지요.
60초는 1 ○ 이에요.

1분이 60개 모이면 60분이 되지요.
60분은 1 ○ 이에요.

1시간이 24개 모이면 24시간이 되지요.
24시간은 1 ○ 에요.

하루가 365개 모이면 365일이 되지요.
365일은 1 ○ 이에요.

정답 | 분, 시간, 일, 년

무엇을 배울까? ● 여러 가지 모양 알기 ● 여러 가지 모양 만들기

 어디에 나왔을까? ● 1학년 1학기 2단원. 여러 가지 모양 ● 1학년 2학기 2단원 여러 가지 모양
● 2학년 1학기 2단원 여러 가지 모양

● 도형 편

이상한 도형나라의 앨리스

사각사각, 슥슥삭삭.
앨리스는 **종이 오려 붙이기**를 좋아합니다.
색종이를 오려서
나무도 만들고, 집도 만들고,
둥근 해와 꽃도 만들 줄 압니다.

"오늘은 뭘 만들까?"
삭둑삭둑, 사각사각.
동그라미로 잘라 토끼 얼굴을 만들고,
세모와 긴 **네모**로 잘라 토끼 귀도 만듭니다.
"아후! 토끼 몸은 어떻게 만들지?"
앨리스는 스케치북을 끌어안고 깜박 잠이 들고 맙니다.

"앨리스 아가씨, 앨리스 아가씨!"
앨리스는 눈을 살며시 떴습니다.
"넌 내가 만든 종이 토끼잖아!"
종이 토끼의 얼굴이 동동 떠다녔습니다.
"제 몸도 만들어주세요! 얼굴만 있으니까 성큼성큼 뛸 수가 없어요!"

"미안해. 난 네 몸을 만들 줄 몰라. 그건 엄마나 할 수 있을 걸!"
앨리스는 솔직하게 말했습니다.
"그럼 도형나라로 여행을 다녀오는 게 어때요?
도형을 알면 앨리스 아가씨도 엄마만큼 잘 할 수 있을 거예요.
얼른 다녀와서 제 몸을 완성시켜 주세요."
종이 토끼와 함께 앨리스는 스케치북 속으로 쑥, 하고 빠져들었어요.

"저 집들은 내가 갖고 놀던 장난감 블록이잖아.
저 사람들은 내가 오린 종이 인형이야!"
앨리스가 신기해서 소리쳤어요.
종이 인형들은 흔들흔들 비틀비틀
바람이 불면 날아갈 것 같았어요.
"도와주세요! 나는 혼자예요!
누가 절 꺼내주세요!"
벽 속에서 누군가 소리쳤어요.
아주 작은 점이었어요.
"널 어떻게 꺼내지?"
"친구를 만들어주세요.
내 옆에 점 두 개를 찍어주세요."

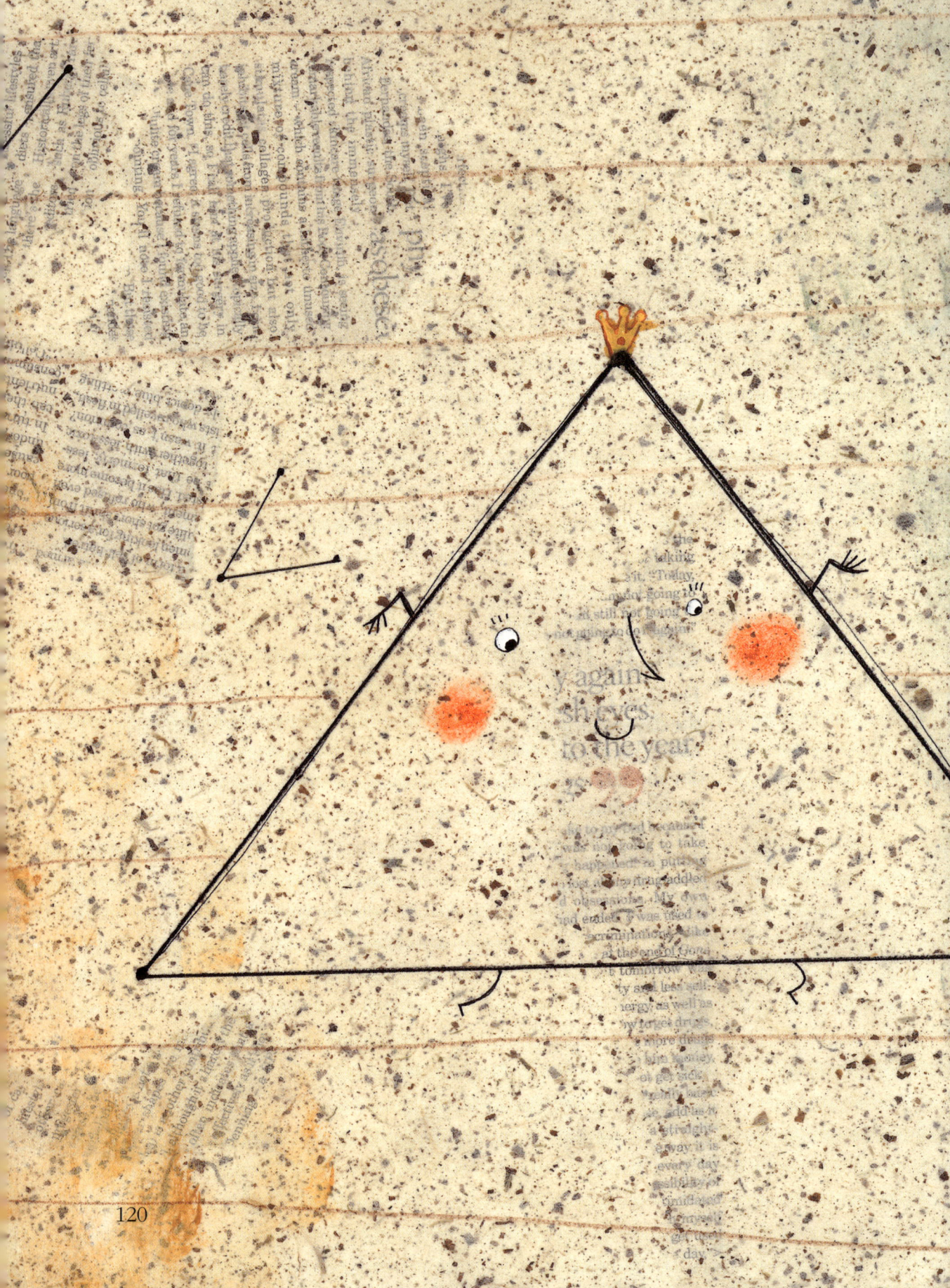

앨리스는 점 하나를 그려 넣었어요.

그러자 놀라운 일이 벌어졌어요!

점이 손을 뻗어 다른 점을 잡았어요.

두 점은 선으로 이어졌어요.

앨리스는 점 하나를 또 그려 넣었어요.

세 점은 서로 손을 잡았어요.

그러자 삼각형으로 변했어요.

꿈틀꿈틀 꼼지락꼼지락 삼각형이 벽 밖으로 튀어나왔어요.

"고마워요, 앨리스 아가씨가 마법을 풀었어요.

저는 삼각형 왕국의 왕자입니다. 저희 왕국으로 초대하고 싶군요."

종이 토끼의 수학공부

점, 선, 선분

점과 점이 이어진 것을 선이라고 해요.
두 점을 곧게 이은 선을 선분이라고 해요.

곧은 선   굽은 선   선분

"아들아!"

삼각 궁전에서 삼각 왕관을 쓴 삼각 대왕이 달려 나왔어요.

삼각 대왕은 왕자를 찾은 기쁨에 큰 잔치를 열었어요.

다른 나라 도형들도 초대했어요.

동그란 원들과 네모난 사각형들이 자리를 잡았지요.

삼각형 조각 케이크, 삼각형 피자, 삼각 우유, 삼각 김밥이 차려졌어요.

삼각 대왕이 모든 도형들에게 말했어요.

"우리 **삼각형**은 세상에서 가장 위대한 도형이요.

삼각형은 아주 **튼튼**하니까요.
눌러도 모양이 변하지 않으며, 밀어도 넘어지지 않아요.
그래서 사람들은 삼각형으로 다리도 만들고,
자전거도 만들고, 받침대도 만들고, 지붕 **서까래**도 만들지요."

서까래 – 지붕이 무너지지 않도록 받쳐 놓은 나무

삼각형

삼각형은 점이 3개 , 선이 3개, 각이라고 불리는
모서리도 3개인 도형이에요.

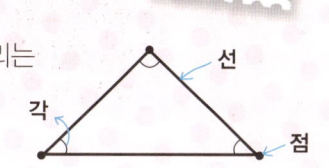

"말도 안 되는 소리!"
네모난 몸의 **사각형** 장군이 화를 냈어요.
"우리 사각형이야말로 세상에서 가장 위대한 도형이요!
우리가 없었다면 사람들은 살 수 없었을 것이요.
창문도 사각형, 문도 사각형, 냉장고도 사각형,

텔레비전도 사각형, 책도 사각형, 집도 사각형이니까요!"
"허헛! 무슨 어리석은 소리를 하는 거요!"
동그란 얼굴의 원 신하가 비웃었어요.
"우리 원이야말로 세상에서 가장 위대한
도형이요!
원이 없으면 사람들은 꼼짝도 못하니까요.
동글동글 바퀴는 모두 원이요.
자동차 바퀴도 원, 자전거 바퀴도 원,
인라인스케이트 바퀴도 원이잖소!"

"우리가 최고야!"

"우리가 최고래도!"

도형들은 티격태격 옥신각신 다투었어요.

삼각형들은 **뾰족한 모서리**로 콕콕 찔러댔어요.

사각형들은 **넓적한 면**으로 덮어 버렸어요.

원들은 데구루루 굴러 **둥근 면**으로 밀어버렸어요.

그러다 그만 앨리스까지 묻혀 버렸지요.

앨리스의 스케치북은 엉망이 되어 버렸어요.

스케치북 안에 있던

종이 나무는 부러지고, 집은 무너지고,

해는 사라지고, 꽃은 꺾였어요.

종이 토끼의 수학공부

원

원은 서로 만나는 점이나 모서리가 없어요.
부드러운 곡선으로만 이루어져 있답니다.

"그만! 다들 그만 두세요!"

앨리스는 울면서 소리쳤어요.

도형들은 깜짝 놀라 싸움을 멈췄어요.

"미안해요, 앨리스 아가씨."

"싸우지 않을게요. 우리가 잘못했어요."

도형들은 앨리스에게 사과했어요.

앨리스는 스케치북을 품에 안고 울음을 멈추지 않았어요.

도형들이 스케치북 주위를 빙글빙글 돌았어요.

스케치북 안으로 **원**이 데구루루 굴러 들어가 **해**가 되었어요.

사각형은 성큼성큼 걸어 들어가 **집**이 되었고,

삼각형은 윙 하고 날아 들어가 **나무와 꽃**이 되었어요.

스케치북 안은 다시 아름다운 세상으로 변했답니다.

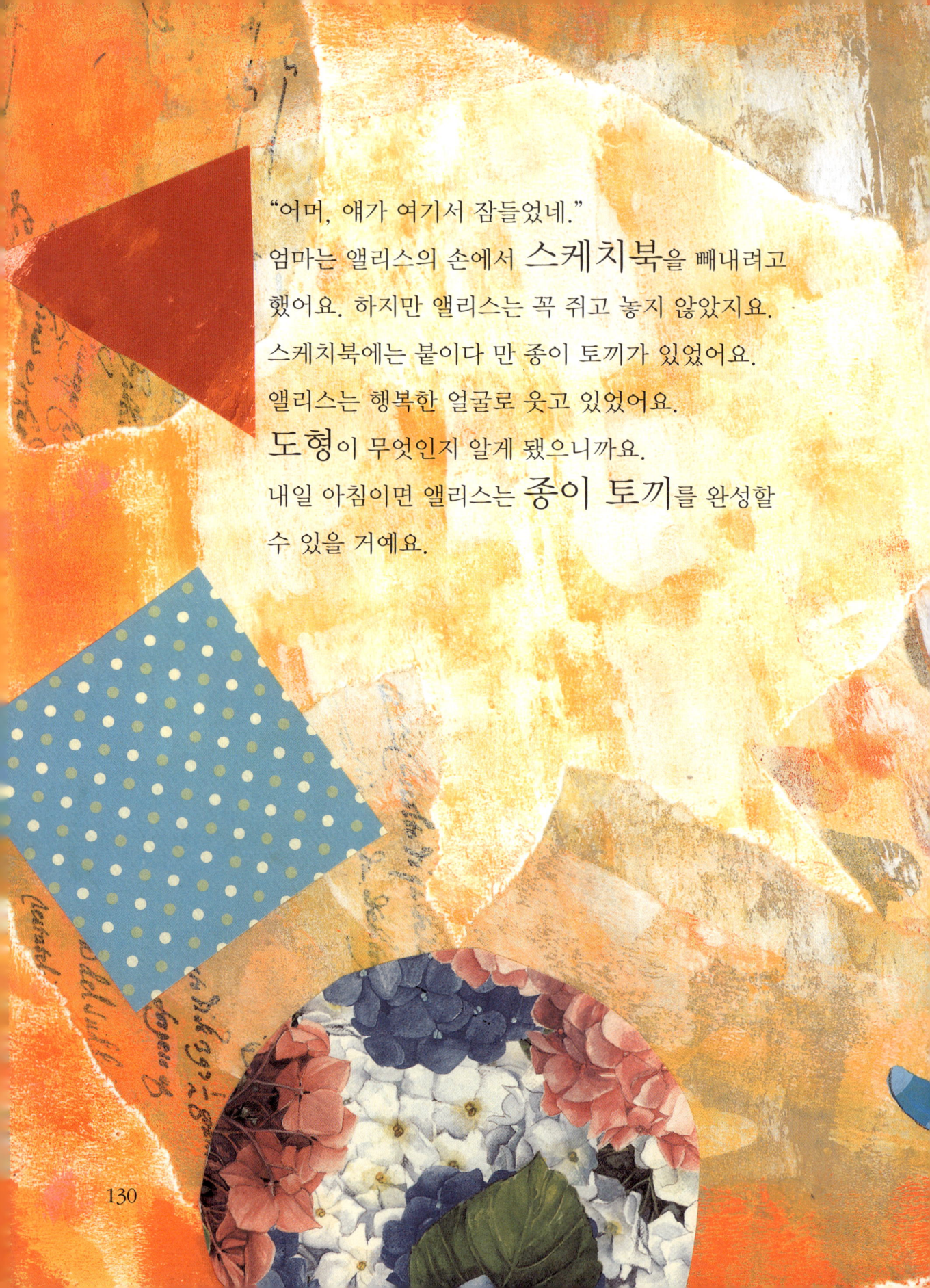

"어머, 애가 여기서 잠들었네."
엄마는 앨리스의 손에서 스케치북을 빼내려고 했어요. 하지만 앨리스는 꼭 쥐고 놓지 않았지요.
스케치북에는 붙이다 만 종이 토끼가 있었어요.
앨리스는 행복한 얼굴로 웃고 있었어요.
도형이 무엇인지 알게 됐으니까요.
내일 아침이면 앨리스는 종이 토끼를 완성할 수 있을 거예요.

엄마와 함께 읽어 봐요

종이 토끼가 가르쳐주는
이상한 나라의 도형 이야기

나는 도형 나라에서 온 종이 토끼예요. 우리 주변에는 도형이 정말 많아요. 도형은 여러 가지 모양이에요. 우리 주변에서 도형을 찾아 봐요.
대표적인 모양은 3가지예요. **상자모양, 둥근기둥모양 그리고 공모양**이지요.

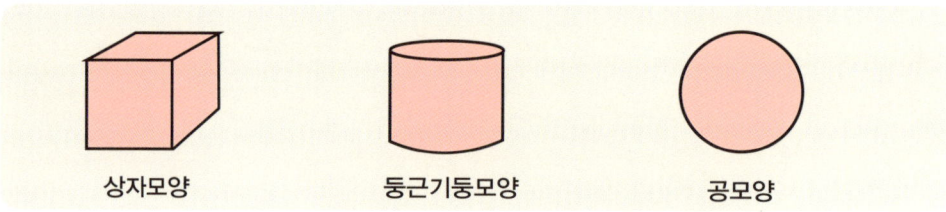

상자모양과 모양이 같은 물건을 찾아보세요. 주사위, 선물상자, 필통, 지우개 등이 있어요. 둥근 기둥 모양과 모양이 같은 물건도 찾아보세요. 깡통, 배터리, 딱풀, 플래시 등이 있지요. 원 모양과 모양이 같은 물건은 어떤 게 있을까요? 야구공, 탁구공, 축구공, 지구본 등이 있어요.

종이에 사람 얼굴을 그려보세요. 눈, 코, 입을 그리다 보면, 점, 선, 면을 모두 그리게 되지요. **눈은 점이에요. 눈썹이랑 코, 머리카락은 선이고요. 면은 얼굴 모양이지요.** 점, 선, 면만 있으면 어떤 그림도 그릴 수 있지요.
선은 여러 개의 점이 모여서 만들어진답니다. 또 도형은 여러 개의 선이 모여서 만들어지지요.

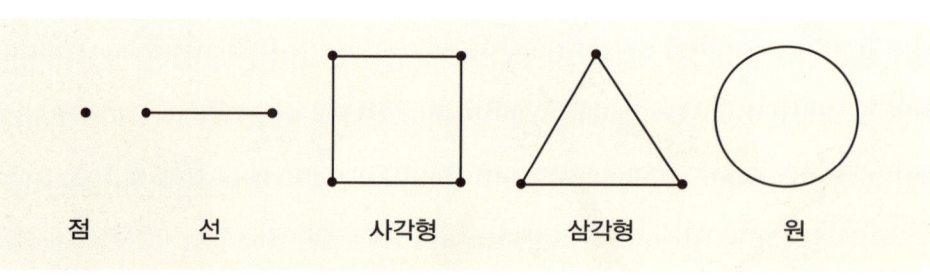

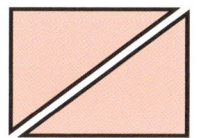 색종이는 사각형이에요. 색종이를 절반으로 나누면, 삼각형으로 변해요.

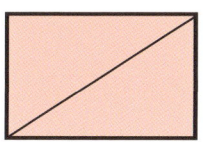 삼각형 두 개를 붙이면, 사각형이 되지요.

색종이로 종이비행기를 접어 보세요. 종이비행기는 **삼각형** 모양이랍니다. 하늘을 날아다니는 비행기도 삼각형 모양이에요.

사각형은 모두 모양이 네모반듯하지는 않아요.
이렇게 생긴 사각형도 있어요. **사다리처럼 생겼다고 해서 사다리꼴. 다이아몬드처럼 생긴 것은 마름모라고 불러요.**

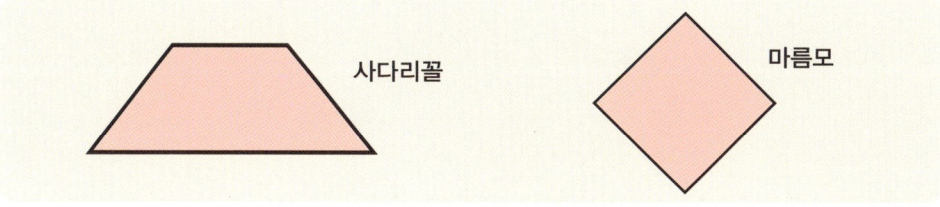

원은 세상에서 가장 잘 굴러가는 도형이에요. 만약 원이 없었다면, 사람들은 많이 불편했을 거예요. 원 모양으로 바퀴를 만들었으니까요.

수레 바퀴, 자전거 바퀴, 자동차 바퀴, 인라인 바퀴. **바퀴는 모두 원 모양이에요.**
이제 세상의 모든 것이 도형으로 보이지 않나요? 이 세상은 바로 도형 나라랍니다.

엄마와 함께 풀어봐요

1 모모 구출하기

은빛 기사가 모모를 찾고 있어요.
"모모 님, 어디 계세요?"
"나는 종이 벽 속에 갇혀 있어요. 나를 얼른 꺼내 주세요."
모모가 말했어요. 은빛 기사가 물었어요.
"어떻게 하면 구해드릴 수 있지요?"
"도형을 이용해서 내 얼굴을 완성시켜 주세요. 그러면 내가 탈출할 수 있어요.."
은빛 기사는 연필을 쥐었어요.
"염려 마세요. 금방 구해드리겠습니다."

 점선을 이어 그리세요. 모모의 얼굴이 나타날 거예요.

2 같은 모양 찾아보기

우리 주변에는 도형을 닮은 물건들이 많아요.
다음 물건들 중에서 같은 모양끼리 서로 연결해 보세요.

2015년 7월 20일 1쇄 발행
2021년 10월 30일 2쇄 발행

글 서지원
그림 이연재
펴낸곳 열린생각
주소 서울시 노원구 동일로 216길 47
대표전화 0505-300-0333
팩스 0304-037-0333
e메일 openbooks@naver.com
등록일자 1996년 8월 20일
등록번호 제1-2078
Copyright©2015 by Seo JiWon
ISBN 978 89 87985 85 5
값 12,000원

*잘못 만들어진 책은 교환해 드립니다.